Die Meißelschrift vom Vertrauen in den Geist

SHINJINMEI

Die Meißelschrift vom Vertrauen in den Geist

Shinjinmei

Das geistige Vermächtnis
des dritten Zen-Patriarchen in China

Mit Erläuterungen von
Soko Morinaga Rōshi

Herausgegeben und aus dem Japanischen
übersetzt von Ursula Jarand

edition steinrich

Bibliografische Information der Deutschen Bibliothek:
Die Deutsche Bibliothek verzeichnet diese Publikation in der Deutschen Nationalbibliografie; detaillierte bibliografische Daten sind im Internet über http://dnb.de abrufbar.
www.edition-steinrich.de

Überarbeitete Ausgabe
der 1991 im Otto Wilhelm Barth Verlag, Bern, München, Wien
unter dem Titel *Die Meißelschrift vom Glauben an den Geist*
erschienenen Ausgabe.

Lektorat: Ursula Richard
Umschlaggestaltung: Grafikbüro Schadenberg, Berlin
Umschlagbild: Tuschebild »Kessel« von Michael Hofmann mit freundlicher Genehmigung
Gestaltung und Satz: Grafikstudio Scheffler, Berlin
Druck: Westermann Druck Zwickau
Printed in Germany

ISBN 978-3-942085-66-3

Inhalt

Vorwort

von Ursula Jarand

Vor achtundzwanzig Jahren – 1991 – erschien die erste Ausgabe dieses Buches unter dem Titel *Die Meißelschrift vom Glauben an den Geist.* Dass es überhaupt dazu kam, verdankt sich einer Reihe glücklicher Umstände, die mich nach Japan führten und in den Rinzai-Zen-Tempel von Soko Morinaga Rōshi.

Morinaga Rōshi, geboren 1925 in der Toyama-Präfektur als Sohn eines Arztes, kämpfte wie die meisten jungen Männer seiner Generation im Zweiten Weltkrieg. Am Ende des Krieges und Japans Kapitulation war er, wie ebenfalls viele Menschen seiner Generation, ohne Ziel oder Richtung, was er mit seinem Leben anfangen sollte. In dieser Situation, die ihm ausweglos erschien, fuhr er nach Kyoto und suchte Goto Zuigan Rōshi (einen Schüler von Shaku Sogatsu) im Daishu-in Tempel auf. Zuigan Rōshi akzeptierte ihn als Schüler, ordinierte ihn 1948 und im Jahr darauf trat er dann ins Daitoku-ji Kloster ein, übte dort für die nächsten fünfzehn Jahre. Nach dem Tod von Zuigan Rōshi übernahm er 1965 den Daishu-in Tempel in Kyoto.

Er war dort stets erreichbar für alle, die Fragen hatten, einen Rat oder Hilfe brauchten oder sich ernsthaft der Zen Übung widmen wollten, und er begegnete den Menschen mit großer Offenheit und Freundlichkeit.

In den alten buddhistischen Texten wird oft betont, wie selten und besonders es ist, eine karmische Verbindung zur buddhistischen Lehre zu haben, und mehr noch, wie segensreich es ist, einen Meister zu treffen und unter seiner Leitung zu üben. Ich kann das von ganzem Herzen bestätigen. Nach etlichen Jahren meiner Übung unter der Leitung von Morinaga Rōshi trug er mir auf, das *Shinjinmei* zu übersetzen. Nachdem ich die erste deutsche Fassung des Gedichtes fertig hatte, setzte er sich, je nachdem, wie es seine Zeit erlaubte, mit mir zusammen und ich musste meine deutsche Übersetzung für ihn ins Japanische rückübersetzen. Das Gleiche mit seinen Kommentaren dazu – ins Deutsche, zurück ins Japanische, hin und her, bis er zufrieden war. Natürlich alles ohne Aufnahmegerät, hier, jetzt, sofort. »Wenn du es nicht ausdrücken kannst, hast du es nicht verstanden!«, lautete eine seiner milderen Ermutigungen.

Auf diese Weise entstanden mehrere Übersetzungen klassischer Zentexte – *Das Sutra des Sechsten Patriarchen, Das Denken ist ein wilder Affe, Dialog* über *das Auslöschen der Anschauung* und *Die Meißelschrift vom Vertrauen in den Geist.* Diese Arbeit war ein wichtiger Bestandteil meiner Zen-Übung.

So wie ein gewebter Stoff aus vertikalen und horizontalen Fäden besteht und dadurch seine Festigkeit erhält, so muss die Übung aus persönlicher Erfahrung bestehen, aber gleichzeitig muss sie in das Verstehen der alten Meister vor uns eingebettet sein. Es besteht leicht die Gefahr, dass man die eigene Erfahrung überschätzt und sich als etwas Besonderes empfindet, und damit wird Übung zum Gegenteil dessen, auf was sie hinzielt. Aus diesem Grund gab Rōshi so großzügig seine Zeit, Energie und seine Erläuterungen zu den Versen von Sōsan. Damit sie sich wirklich einprägen, fasste er sein Verständnis am Ende jedes Kapitels in Versform noch einmal zusammen. Und so können wir uns durch das klassische Gedicht und seine Kommentare in unserer Übung inspirieren und leiten lassen. Nicht um etwas zu finden, was uns fehlt, sondern um unsere vorgefassten Meinungen loszulassen und zu erkennen, dass es von Anfang an an nichts mangelt.

Während meiner Zeit in Daishu-in tranken wir in der Regel nach dem Frühstück Matcha (grünen Tee) mit Rōshi. Wir beredeten den Tagesplan, und je nachdem, wie viel er an diesem Tag zu tun hatte, konnte man ihn auch etwas fragen oder er redete über ein Thema, was ihn beschäftigte oder wovon er meinte, wir sollten darüber nachdenken. Oft war das von dem ›klick klick‹ seiner Mala begleitet. Einmal erklärte er, dass die Kette aus Holzperlen, die in Form einer Acht endlos durch seine Hände glitt, für die einhundertacht, das heißt für die endlosen Begierden und Täuschungen steht. Ist die Kette neu, dann haben die Holzperlen die Farbe von ungebackenem Brot, aber durch jahrelange Berührung wird die Farbe des Holzes langsam zu einem dunklen, glänzenden Schokoladebraun. Genauso ist es mit den sogenannten negativen Seiten, die wir eigentlich lieber nicht sehen wollen. Nur durch unmittelbare Berührung und Einsicht verändern sie sich langsam und werden zu Weisheit.

Die Vierzeiler des *Shinjinmei* sind für mich wie diese Holzperlen. Jeder dieser Verse lässt uns erkennen, ob unsere Einsicht ungebacken und farblos ist oder ob sich langsam Tiefe und Glanz entfalten. Es geht nicht um ein einmaliges Lesen und Verstehen, sondern um ein fortwährendes Berühren und Verschmelzen.

Morinaga Rōshi starb am 12. Juni 1995, aber für mich haben seine Worte, genauso wie die von Sōsan im *Shinjinmei*, nie ihre Lebendigkeit und Bedeutung verloren. Worte, die auf den Geisteszustand weisen, der jenseits von Worten ist und zu dem es, wie Morinaga Rōshi am Ende seiner Einleitung sagt, nur einen Zugang gibt – direktes, unmittelbares, eigenes Erkennen.

Viele Jahre lang war *Die Meißelschrift vom Glauben an den Geist* vergriffen und auch antiquarisch kaum erhältlich. Die Verlegerin der edition steinrich, Ursula Richard, nahm Anfang 2019 Kontakt zu mir auf und und schlug eine überarbeitete Neuausgabe des *Shinjinmei* und der Kommentare von Morinaga Rōshi vor. Wir entschieden uns, den Titel zu ändern in *Die Meißelschrift vom Vertrauen in den Geist*, da uns das Wort »Vertrauen« weniger missverständlich erscheint als das Wort »Glaube«, das besonders in unserer Kultur leicht in die Irre führende Assoziationen weckt. Das Gedicht selbst sowie auch die Kommentare haben wir sprachlich noch einmal überarbeitet, mit der Absicht, den Leserinnen und Lesern einen bestmöglichen Zugang zum Text zu bieten.

Ich bin zutiefst erfreut und dankbar, dass nunmehr einer der wichtigsten Texte des Zen-Buddhismus erneut verfügbar ist.

Ursula Jarand
Daishu-in-West
Juli 2019

Einleitung

Wir wissen über Sōsan (chin. Seng-ts'an), den dritten Zen-Patriarchen in China, nicht sehr viel und auch kaum etwas eindeutiges.* Im *Kosoden* (chin. *Kao-seng chuan),* einem Werk des buddhistischen Kanon, findet sich zwar einiges über den zweiten und auch über den vierten Patriarchen, aber beim dritten Patriarchen wird lediglich der Name aufgeführt.

Erst 150 Jahre nach seinem Tod im Jahre 606 (Sui-Dynastie) wurde seine Lehre während der Tang-Dynastie plötzlich bekannt und anerkannt, und es entstanden verschiedene Legenden über seine Person und sein Leben. Für diejenigen, die am Leben des dritten Patriarchen wissenschaftlich interessiert sind und historisch belegbare Daten und Fakten wünschen, müssen von daher manche Fragen offen bleiben.

In japanischen Schulen wird heutzutage im Geschichtsunterricht größter Wert auf Altertumsforschung gelegt, auf Funde, anhand derer sich bestimmte Dinge und Sachverhalte rekonstruieren lassen und die Rückschlüsse auf gewisse Tatsachen zulassen. Das ist ohne Zweifel wichtig, aber was darüber ein wenig in Vergessenheit geraten ist und kaum mehr gelehrt wird – und ich glaube, dass darin

---

* Als Japaner hat Soko Morinaga Rōshi bei chinesischen Namen und Werktiteln die japanische Lesart zuerst verwendet und die originalchinesische Lesart beim ersten Auftauchen in Klammern hinzugefügt (Anm. der Übers.).

ein Problem liegt –, das sind unsere alten Mythen. Was uns in diesen Mythen überliefert wird, sind die Gedanken unserer Vorfahren, ihre Art, Geschehnisse zu begreifen, ihr Verständnis von sich selbst und der Welt, in der sie sich bewegten. Dieser Geist wird, so glaube ich, viel stärker in Mythen und Legenden als durch archäologische Funde übermittelt, und diese Mythen sollten wir deshalb nicht einfach übergehen oder vergessen.

Unser tägliches Leben ist unumgänglich mit dem Gebrauch von stofflichen Dingen verbunden, von Dingen, die Spuren hinterlassen. Gleichzeitig gibt es die geistigen Aktivitäten, die keine sichtbaren Spuren zurücklassen und deshalb oft schwer zu überliefern und zu belegen sind. Aber müssen wir sie nicht gerade deshalb besonders wichtig und ernst nehmen? Wichtiger als Fragen zu der Person Sōsans und dem Problem, ob er den vorliegenden Text, das *Shinjinmei* (chin. *Hsin-hsin ming,* die »Meißelschrift vom Vertrauen in den Geist«), tatsächlich verfasst hat oder nicht, ist deshalb, so glaube ich, der Inhalt dieses Gedichts.

Das Wort »Shinjinmei« ist aus drei chinesischen Schriftzeichen gebildet. *Shin* bedeutet Glaube, Vertrauen, *Jin* bedeutet Geist, und *Mei,* hier übersetzt mit »Meißelschrift«, bezeichnet eine Botschaft, die in Stein oder Metall gemeißelt oder graviert wurde, damit sie für die Nachwelt erhalten blieb – etwas, das man sich selbst zur Mahnung ins Herz eingeprägt hat und auch den Nachkommen als Ermahnung überliefern möchte, damit sie nicht auf falsche

Wege geraten und sich auch ihrerseits das Wahre tief und gut einprägen können.

Religion ist einerseits wirklich ein kostbarer Schatz, andererseits kann sie aber auch großen Schaden anrichten und ist voller Fallgruben. Ganz gleich, ob man die Lehre an sich sieht oder die Übungsweise und das Leben ihrer Anhänger – leider gibt es zahllose Fälle, in denen Menschen aufgrund einer Religion unglücklich werden, in ihrem Namen unterdrückt werden oder sogar Kriege führen.

Das *Shinjinmei* wurde mit ziemlicher Sicherheit mit der Absicht verfasst, die wahre Lehre, die den Herzen der Menschen Frieden geben kann, niederzulegen und den Hinweis auf das Wahre klar und deutlich zu hinterlassen.

Wir alle sind zumeist sehr stark von einem Gefühl der Selbstliebe geprägt. Was wir auch tun, wir bemühen uns, anderen überlegen zu sein, und wollen unsere Überlegenheit und Größe von anderen anerkannt und bestätigt wissen. Wenn es uns nicht gelingt, als guter Mensch Bestätigung zu finden, gehen wir vielleicht so weit, uns zu bemühen, als schlechter Mensch aufzufallen, um wenigstens auf diese Weise bestätigt zu werden. Irgendwie versuchen wir immer, uns selbst zur Schau zu stellen, und das ändert sich durch religiöse Übung nicht von heute auf morgen. Auch dort kommen wir nur schwer zum Eigentlichen und bleiben leicht bei einer Übung des Sich-selbst-zeigen-Wollens stehen. Wir verfallen dann in eine Übungsweise, bei der es hauptsächlich darum geht, das eigene Ich aufzublähen und zu stärken, damit wir andere übertreffen können. Oft versteifen wir uns auf eine Auffassung, die von der Meinung anderer abweicht, und sind felsenfest davon überzeugt, dass unser Verständnis dem der anderen weit überlegen ist. »Das muss so und so verstanden werden, deshalb habe ich recht und du hast unrecht …« An diesem Punkt entstehen dann oft Dispute über Dogmen oder Glaubensstreitigkeiten. Da sich religiöse Übung leider nur zu oft und leicht in diese Richtung entwickelt, wurde uns die *Meißelschrift vom Vertrauen in den Geist* hinterlassen.

Auch wenn Sōsans Biographie nicht sehr klar und eindeutig ist, gibt es doch eine seit vielen Jahrhunderten überlieferte Beschreibung seines Lebens, die es wert ist, dass wir sie genau betrachten und uns zu Herzen nehmen. Denn abgesehen davon, ob sie historisch wahr und belegbar ist oder nicht, kann man allein der Tatsache, *dass* sie bis zum heutigen Tag überliefert wurde, einige Bedeutung beimessen. Wir wissen nicht, wann und wo Sōsan geboren wurde. Bekannt ist nur, dass er wahrscheinlich ziemlich lange als Laie gelebt hat und mit ungefähr vierzig Jahren zu Eka (chin. Hui-k'o, 487–593), dem zweiten Zen-Patriarchen in China, kam – vollkommen unbekannt und krank. Früher herrschte im Osten genauso wie im Westen die Vorstellung, dass eine Krankheit das Resultat vergangener Sünden sei. Dieser nur im negativen Sinne ausgelegten Konzeption des karmischen Prinzips von Ursache und Wirkung scheint auch dieser Laie, der später den Namen Sōsan erhielt, gefolgt zu sein, indem er seine körperlichen Gebrechen auf Sünden der Vergangenheit zurückführte. Die erste Begegnung mit Eka wird folgendermaßen beschrieben: Sōsan sagte: »Ich bin krank. Bitte, Meister, reinigt mich von meinen Sünden, die der Grund für meine Krankheit sind.« Eka antwortete: »Bringe mir deine Sünden her, dann werde ich dich von ihnen reinigen und dir Frieden geben.« Sōsan schwieg für eine Weile und sagte dann: »Ich kann meine Sünden nirgends finden.« Daraufhin erwiderte Eka: »Ich habe sie hiermit für dich vernichtet.« Im weiteren Verlauf ihres Gesprächs erkannte der zweite Patriarch, dass dieser Laie ein außergewöhnlicher Mensch war, bereit, die wahre Lehre in sich aufzunehmen. Er weihte ihn zum Mönch und gab ihm den Namen Sōsan. Über Eka selbst wird berichtet, dass er in seiner ersten Begegnung mit Bodhidharma, dem 28. indischen Patriarchen, der das Zen nach China brachte und damit zum ersten Zen-Patriarchen in China wurde, durch das Abschneiden seines linken Armes den festen Entschluss zur Übung bewies und daraufhin von Bodhidharma als Schüler akzeptiert wurde. Das Gespräch zwischen Eka und Bodhidharma ist folgendermaßen überliefert: Eka bat Bodhidharma: »Mein Geist ist nicht in Frieden. Bitte, Meister, befriedet ihn für mich.« Bodhidharma erwiderte daraufhin: »Bring mir deinen Geist her, dann werde ich ihm für dich Frieden geben.« Eka schwieg eine Zeitlang und sagte dann: »Ich habe nach ihm gesucht, kann ihn aber nicht finden.« Bodhidharma sagte: »Ich habe ihn für dich befriedet.« In beiden Geschichten wird genau das Gleiche auf verschiedene Weise beschrieben. Selbst wenn diese beiden Dialoge fiktiv sein mögen, so sollten wir uns doch die Essenz dieser beiden Begebenheiten gut und genau ansehen. Es gibt sogar noch einen dritten ähnlichen Dialog, und zwar zwischen Sōsan und seinem Schüler Dōshin (chin. Tao-hsin, 580–651), dem späteren vierten Patriarchen.

Dōshin sagte: »Bitte, Meister, lehrt mich, wie ich Befreiung erlangen kann.« Sōsan fragte: »Wer fesselt dich?« Dōshin erwiderte: »Da ist niemand, der mich fesselt.« Sōsan sagte: »Warum suchst du dann nach Befreiung?« Bei diesen Worten erfuhr Dōshin große Erleuchtung.

Dreimal fast die gleiche Geschichte – die Worte unterscheiden sich zwar, aber der Inhalt ist identisch. Kostet diese Dialoge aus, denn das, worauf sie uns hinweisen und was zu erkennen wichtig ist, ist die Tatsache, dass ganz gleich wie der Geist auch immer wirkt, es ursprünglich keine Unruhe in diesem Geist gibt; dass unabhängig davon, wie viele Sünden wir willkürlich begehen, es keinen Geist gibt, der davon befleckt oder verletzt werden könnte; dass es, selbst wenn unzählige Menschen einen Menschen fesseln würden, es keinen Geist gibt, der gefesselt werden könnte. Dies ist der Geist, der im *Shinjinmei* besungen wird.

Glaube oder Vertrauen ist ein Wort, das man oft nur mit den psychischen Aktivitäten eines Menschen in Zusammenhang bringt und somit auf einen Bedeutungsgehalt beschränkt, der im Gegensatz zum Zweifel steht. Ich möchte deshalb an dieser Stelle eindringlich betonen, dass ihr Glaube nicht lediglich als »Nichtzweifel« verstehen dürft. Zweifel oder Nichtzweifel, Ablehnung oder Zustimmung, beides sind geistige Aktivitäten, die auf dem eigenen Selbst und seinen jeweiligen Vorstellungen und Begriffen beruhen.

Glaube oder Vertrauen jedoch ist das Überschreiten dieser Konzepte, ist ein Sich-Überlassen, ein Sich-Ergeben. Und es gibt nur eines, dem wir uns wirklich ergeben können: dem, was von keiner Sünde befleckt, was von nichts gefesselt wird und sich in allen Bedingungen frei und ungehindert bewegt. Seid an diesem Punkt wirklich vorsichtig und verfallt nicht in den Fehler zu denken, dass der vertrauende Geist und der Geist, dem vertraut oder an den geglaubt wird, in anderen Worten, dass Vertrauen und Geist verschiedene Dinge seien.

Wir neigen dazu, zwischen dem eigenen Geist, dem Geist, der glaubt, vertraut oder zweifelt, der sich verschiedene Dinge ausmalt, und dem Geist, dem wir uns ergeben, einem wunderbaren, außergewöhnlichen Geist – also zwischen einem Geist der gewöhnlichen Menschen und einem Buddha-Geist – zu unterscheiden. Im *Shinjinmei* wurde für uns niedergelegt und überliefert, dass es ursprünglich keine Trennungen gibt, dass Buddha-Geist und gewöhnlicher Geist nicht verschieden sind. Und in diesem Vertrauen gibt es keine Rangordnungen, keine Unterscheidung zwischen Shrāvaka (Skrt., wörtl. »Hörer«), Pratyeka-Buddha (Skrt., wörtl. »Einsam-Erwachter«) und Bodhisattva (Skrt., wörtl. »Erleuchtungswesen«). Hier wird uns geradewegs gesagt: Vertrauen und Geist sind Nicht-Zwei.

Der Geist, der in jedem von uns wirksam ist, und der Geist, der unbegrenzt alles durchdringt, sind Nicht-Zwei. Zeitlich und räumlich – ewiger Geist, klarer, alles durchdringender Geist. Dieser Geist ist nicht einfach eine auf die eigene Person beschränkte geistige Aktivität, sondern ist das Leben an sich, das Leben, das alles gebiert und das sich in allem, in jedem von uns, manifestiert. Diese ursprüngliche Kraft, die uns lebendig sein lässt, und das Leben des Universums sind nicht verschieden. Es genügt jedoch nicht, dies nur intellektuell zu begreifen. Ihr müsst es so durchdringen, dass auch nicht für den kleinsten Zweifel Raum bleibt. Dies ist der Geisteszustand, der im *Shinjinmei* im letzten Vers besungen wird:

> Der Weg der Worte
> ist zu Ende –
> keine Vergangenheit,
> Zukunft und Gegenwart.

Es ist ein Geisteszustand, der jenseits von Worten und Erklärungen ist und zu dem es nur einen Zugang gibt – direktes, unmittelbares eigenes Erkennen.

Soko Morinaga

Erster Teil

Shinjinmei – Die Meißelschrift vom Vertrauen in den Geist

Der Höchste Weg
ist nicht schwierig,
nur ohne Wahl.

Hasse nicht,
liebe nicht,
dann ist es klar,
und eindeutig.

Gibt es auch nur
die kleinste Unstimmigkeit,
entsteht ein Unterschied,
so groß wie der
zwischen Himmel und Erde.

Wenn du es
vor den eigenen Augen haben möchtest,
darf weder Richtig
noch Falsch existieren.

Der Kampf zwischen
Verschiedenheit und Übereinstimmung
führt zur Krankheit
des Geistes.

Wer das subtile Prinzip nicht kennt,
müht sich vergeblich,
die Gedanken zur Ruhe zu bringen.

Es ist absolut,
Große Leere,
ohne ein Zuwenig,
ohne ein Zuviel.

Wirklich,
nur Ergreifen und Verwerfen
sind der Grund
für Verschiedenheit.

Jage nicht
den Erscheinungen nach,
und verweile nicht
in der Vorstellung von Leere.

Im Einen
ist der Geist in Frieden,
und Verwirrung erschöpft sich
von selbst.

Willst du die Bewegung des Geistes
zum Stillstand bringen,
dann führt gerade dies
zur totalen Bewegung.

Wenn du
diesen beiden Extremen anhaftest,
wie könntest du jemals
das Eine verstehen?

Das Eine
nicht zu durchdringen
bedeutet,
beides zu verfehlen.

Die Erscheinungen verbannen bedeutet
das Zunichtewerden der Erscheinungen;
sich der Leere hingeben
heißt der Leere widersprechen.

Viele Worte,
viele Gedanken –
je mehr es sind,
desto weniger treffen sie zu.

Sind Worte und Gedanken abgeschnitten,
dann gibt es keinen Ort,
der nicht durchdrungen ist.

Kehrst du zum Ursprung zurück,
so erlangst du das Prinzip;
folgst du den Widerspiegelungen,
so verlierst du die Essenz.

Ein Moment des Zurückkehrens
von den Widerspiegelungen
übertrifft sogar
das Reich der Leere.

Der Wandel
des Reichs der Leere
erscheint abhängig
von Täuschungen.

Du brauchst nicht
nach der Wahrheit zu suchen;
lass nur unbedingt ab
von Überlegungen.

Verweile nicht
in dualistischen Anschauungen;
vermeide es absolut,
ihnen zu folgen.

Existieren
Richtig und Falsch
auch nur ein wenig,
dann verliert sich der Geist in Verwirrung.

Zwei existiert
abhängig vom Einen,
aber du darfst auch nicht
bei dem Einen verharren.

Wenn sich kein Geist erhebt,
sind die Zehntausend Erscheinungen
ohne Fehler.

Keine Fehler,
keine Erscheinungen –
Nicht-Erheben,
Nicht-Geist.

Das Subjekt folgt dem Objekt
und vergeht;
das Objekt folgt dem Subjekt
und verschmilzt.

Das Objekt ist abhängig
vom Subjekt ein Objekt;
das Subjekt ist abhängig
vom Objekt ein Subjekt.

Wer diese beiden Aspekte
verstehen möchte, muss wissen,
dass beides ursprünglich
eine Leere ist.

Die eine Leere
ist gleichzeitig beides
und enthält alle
Zehntausend Erscheinungen.

Es gibt weder
Feines noch Grobes;
warum sollte es
einseitige Anschauung geben?

Der Große Weg an sich
ist ruhig und weit –
weder leicht
noch schwer.

Kleinliches Denken
führt zu Zweifel und Zaudern;
je mehr du eilst,
desto mehr bleibst du zurück.

Anhaften bedeutet,
die Angemessenheit zu verlieren
und auf Nebenwege
zu geraten.

Loslassen ist
Natürlichkeit;
Soheit ist
ohne Gehen und Bleiben.

Sich dem eigenen Wesen anvertrauen
ist Vereinigung mit dem Weg,
und die Sorgen werden zunichte,
als schlendertest du unbekümmert umher.

Wenn sich Gedanken fortsetzen,
widerspricht das der Wahrheit,
du versinkst in Dummheit
und bist unfrei.

Unfreiheit ermüdet den Geist;
wozu
über Entfernung und Nähe
nachdenken?

Willst du
das Eine Fahrzeug erlangen,
dann darfst du keinen Widerwillen gegen
die Sechs Arten des Staubs hegen.

Gegenüber den Sechs Arten des Staubs
keinen Widerwillen hegen,
gerade das entspricht der
vollkommenen Erleuchtung.

Der Weise tut nicht,
ein Dummkopf fesselt sich selbst.

Im Dharma gibt es
keine Unterschiede;
willkürlich haftest du selbst
an den Dingen.

Mit dem Geist
den Geist anwenden –
ist das nicht
ein großer Fehler?

Irrtum erzeugt
Ruhe und Chaos;
Erleuchtung ist ohne
Zuneigung und Abneigung.

Alle dualistischen Anschauungen
beruhen auf willkürlichen
eigenen Erwägungen.

Ein flüchtiger Traum,
ein Augenflimmern –
warum sich erschöpfen in dem Versuch,
diese zu erfassen.

Erlangen, verlieren,
richtig, falsch –
lass all das
mit einem Mal fahren.

Wenn das Auge nicht schläft,
vergehen die verschiedenen Träume
von selbst.

Wenn der Geist
keine Unterscheidungen trifft,
sind die Zehntausend Erscheinungen
Wie-Eins.

Wie-Eins an sich
ist unergründlich,
unverrückbar und frei
von Verwicklungen.

Betrachtest du
die Zehntausend Erscheinungen gleich,
dann kehrst du zurück
zum Natürlichen.

Sind die Ursachen vergangen,
dann gibt es
keine Vergleiche mehr.

Wird Bewegung angehalten,
so entsteht Nicht-Bewegung;
wird Ruhe bewegt,
so entsteht Unruhe.

Wenn beides schon nicht existiert,
wie könnte es dann das Eine geben?

Letztendlich
gibt es keine Bestimmungen.

Übereinstimmender Geist
ist Gleichheit,
alle künstlichen Handlungen
vergehen zusammen.

Zaudern und Zögern
vollkommen erschöpft,
das wahre Vertrauen ist
harmonisch und direkt.

Nichts bleibt zurück,
keine Erinnerungen.

Reine Klarheit
erstrahlt natürlich,
ohne Anwendung
der Geisteskraft.

Der Ort des Nicht-Erwägens
ist mit Wissen oder Gefühl
nicht zu ergründen.

Im Reich
der Wahrheit an sich
gibt es weder
andere noch ein Selbst.

Möchtest du sofortige Übereinstimmung,
so sage ich nur:
Nicht-Zwei!

Nicht-Zwei,
alles ist gleich –
es gibt nichts,
was nicht enthalten ist.

Die Weisen
aus den Zehn Richtungen
treten alle
in diese Wahrheit ein.

In der Wahrheit gibt es
weder Verkürzung noch Verlängerung,
ein Gedankenmoment
ist zehntausend Jahre.

Es gibt weder
Sein noch Nichtsein,
nur die Zehn Richtungen
vor unseren Augen.

Das Kleinste ist
dem Größten gleich;
die Grenzen zwischen
den Welten verschwinden.

Das Größte ist
dem Kleinsten gleich;
es gibt keine
festen Grenzen.

Sein ist gleich Nichtsein,
Nichtsein ist gleich Sein.

Wenn etwas nicht Soheit ist,
brauchst du es nicht zu bewahren.

Eins ist Alles,
Alles ist Eins.

Kannst du es
auf diese Weise vollbringen,
warum dich dann noch
um Unvollendetes sorgen.

Vertrauen in den Geist
ist Nicht-Zwei,
Nicht-Zwei ist
Vertrauen in den Geist.

Der Weg der Worte ist zu Ende –
keine Vergangenheit,
Zukunft und Gegenwart.

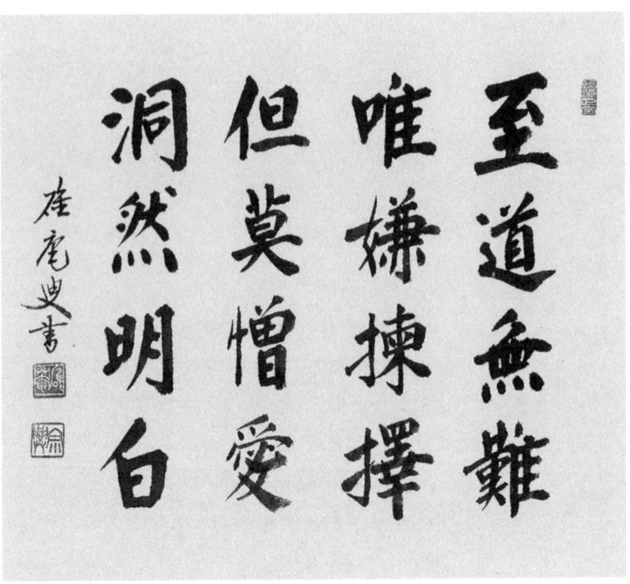

Kalligraphie von Soko Morinaga Rōshi

Der Höchste Weg
ist nicht schwierig,
nur ohne Wahl.

Hasse nicht,
liebe nicht,
dann ist es klar und eindeutig.

Zweiter Teil

Der Weg des Vertrauens in den Geist

Darlegungen von
Soko Morinaga Rōshi
über *Shinjinmei – Die Meißelschrift vom Vertrauen in den Geist*

至道無難
唯嫌揀択

Der Höchste Weg
ist nicht schwierig,
nur ohne Wahl.

Obwohl das Gedicht *Meißelschrift vom Vertrauen in den Geist* heißt, erwähnt Sōsan hier im ersten Vers weder Vertrauen noch Geist auch nur mit einem Wort; er preist vielmehr den »Höchsten Weg«. Bereits darin wird die Größe und Erhabenheit Sōsans offenbar, denn dieser »Höchste Weg«, von dem er spricht, ist nichts anderes als eben der Weg der Nicht-Zweiheit von Vertrauen und Geist. Der Weg des Gehens an sich, das Leben des großen Universums, Schritt für Schritt, so wie es ist – genau das ist der »Höchste Weg«, der in diesem Gedicht besungen wird.

Der Höchste Weg
ist nicht schwierig,
nur ohne Wahl.

In diesen kurzen Zeilen offenbaren sich bereits die Essenz und der absolute Höhepunkt des *Shinjinmei.* Danach bleibt eigentlich nicht mehr viel zu sagen, und die nachfolgenden

Strophen des Gedichts sind nichts anderes als eine Erklärung dieses ersten Verses, eine Erklärung des »Höchsten Weges«.

Im *Lun-Yü* (»Gespräche des Konfuzius«) wird der Weg so beschrieben: »Das, was jedem Einzelnen vom Himmel gegeben ist, ist der ursprüngliche Geist. Diesem Geist entsprechend zu handeln wird Weg genannt. Diesen Weg zu üben wird Lehre genannt.«

Dass der Weg, der wie das Thema einer Sinfonie in den verschiedensten Variationen und Klangschattierungen das ganze Gedicht durchzieht, nicht im Widerspruch zum »Vertrauen in den Geist« steht, ja nichts anderes ist als eben dieses, kommt in den Zeilen von Konfuzius klar zum Ausdruck. Konfuzius war darum bemüht, die Wahrheit, die von den alten Weisen und Heiligen erkannt und gelebt worden war, wieder aufleben zu lassen, aber in seinem Herzen trennte er zwischen der Wahrheit einerseits und den Menschen, die von ihr entfernt sind, andererseits. Der Weg ist jedoch nichts, was sich in zwei oder drei Teile aufgliedern lässt; er ist die einzige Wahrheit an sich. Obwohl das so ist, hat Sōsan dem Weg hier absichtlich noch ein Adjektiv vorangestellt und nennt ihn den »Höchsten Weg«.

Ihr dürft euch davon aber nicht irreführen lassen und denken, dass es sich bei dem »Höchsten Weg« um etwas Außergewöhnliches und Besonderes handelt. Wenn ihr so etwas wie ein »Höchstes« erzeugt, dann erscheint gleichzeitig damit auch ein »Niederes« oder wenigstens etwas, das nicht das Höchste ist, und genau da kommt die »Wahl« ins Spiel. Nicht zwischen den einzelnen Dingen in unserem täglichen Leben abzuwägen, Dinge zu bevorzugen oder abzuweisen, ist aber nur eine Bedeutungsebene von »ohne Wahl«.

Die zweite Bedeutung, auf die uns diese Zeilen aufmerksam machen, ist unsere tiefverwurzelte und manchmal fast schon zwanghafte Angewohnheit, Unterscheidungen zwischen heilig und gewöhnlich, Erleuchtung und Täuschung, Buddha und gewöhnlichem Mensch vorzunehmen. Zusammen mit unserer Neigung, selbst von sich zu meinen nur ein gewöhnlicher Mensch zu sein, entstehen dann Vermutungen und Erwartungen, dass es irgendwo anders etwas Wundervolles, etwas Besonderes geben müsse. Während man sich selbst als alltäglich und nieder bezeichnet, will man doch erleuchtet werden und hält Ausschau nach diesem Wunderbaren, ist auf der Suche nach dem Besonderen.

Daraus entstehen oft Erwägungen, wie zum Beispiel: »Stimmt diese Vorgehensweise mit Erleuchtung überein oder nicht? Entspricht dies einem Erleuchteten oder nicht?«, die ihrerseits wiederum dazu führen, Urteile über andere zu fällen; andere als echt zu bewerten, wenn sie mit unseren Vorstellungen übereinstimmen, und als unecht oder sogar als Schwindler, wenn sie unsere Erwartungen nicht erfüllen. Aber ihr könnt sicher sein – nichts in dieser Welt ist unecht. Es gibt keine Fälschungen. Wenn *etwas* eine Fälschung ist, dann ist *alles* eine Fälschung, denn irgendwann vergeht es wieder. Fälschung oder Original, richtig oder falsch, solche Dinge existieren ursprünglich nicht.

Sōsan nennt den Weg deshalb den »Höchsten Weg«, weil er allen deutlich machen will, dass es sich nicht um einen Weg handelt, den man sich selbst einfach ausgedacht hat, und auch nicht um einen Weg, der sich nur auf die Welt der Menschen – einer Begrenzungen unterliegenden Welt – bezieht, sondern um den Weg, der die Erscheinungen und ihre Grenzen überschreitet und gerade deshalb auch im Kleinsten wirksam ist. »Höchster« ist also ein Wort, das den Weg, den ihr euch einfach ausdenkt und der sich innerhalb von Beschränkungen befindet, verneint und auf den alles durchdringenden, unbegrenzten Weg hinweist.

Der Höchste Weg
ist nicht schwierig

nur leider wird das Einfache und Klare durch die verschiedenen Vorstellungen, die ihr euch macht, schwierig. Anhand verschiedener Kenntnisse und Erfahrungen, die ihr angesammelt habt und die sich in euch verhärtet haben, versucht ihr, Dinge zu bewerten, wollt ihr mit eurem Ich Lösungen herbeiführen. Dies ist nicht einmal intelligentes Denken, sondern lediglich die Anwendung eines wählerischen Geistes. Nur weil ihr immer herausfinden wollt, was besser ist und was schlechter, wo Gewinn ist und wo Verlust, weil ihr kalkuliert und abwägt, entstehen die unzähligen Schwierigkeiten.

Nicht schwierig – das bedeutet nicht, dass der Höchste Weg leicht ist, sondern dass ihr euch nicht bemühen müsst, durch Willensanstrengung selbst Lösungen herbeizuführen. Schwierig und leicht – das sind Vorstellungen, die sich aus dem Gedanken, etwas erreichen zu wollen, ergeben. Es sind Begriffe, die nur zusammen mit der Vorstellung eines Ich existieren können. Zieht deshalb nicht den falschen Schluss und denkt, dass der Höchste Weg leicht sei. Der Höchste Weg ist das, was schwierig und leicht, wie es in eurer Vorstellung existiert, überschreitet. Schwierig und leicht – nur wenn solche Gedanken vergessen sind und alles in seiner Soheit empfangen wird, kann man sagen:

> Der Höchste Weg
> ist nicht schwierig,
> nur ohne Wahl.

Es handelt sich bei diesen Zeilen keineswegs nur um die »Worte« Sōsans; dies ist vielmehr sein Geisteszustand an sich. Aber weil die meisten Menschen nur die Worte sehen, braucht es Zen-Übung, um sie zu überschreiten und sie so wiederum zum eigenen Geisteszustand werden zu lassen. Einer der größten Zen-Meister, der diesen von Sōsan besungenen »Höchsten, nicht schwierigen Weg« als seinen eigenen Geisteszustand für andere Menschen darlegte, ist der chinesische Meister Jōshū Jūshin (chin.: Chao-chou Ts'ung-shen, 778–897). Er ist ohne Zweifel einer der bedeutendsten Meister, was sich auch darin widerspiegelt, dass allein im *Mumonkan*[1] sieben Kōan auf seinen Worten basieren, und im *Hekigan-roku*[2] sind es sogar zwölf.

Jōshū war zuerst Novize in einem Tempel, genannt Zuizo. Als er achtzehn Jahre alt war, wurde er von dem dortigen Priester zu einem Besuch bei Meister Nansen Fugan (chin.: Nan-ch'üan P'u-yüan, 748–835) mitgenommen. Meister Nansen hatte sich gerade, vielleicht ermüdet von der Arbeit, zur Ruhe gelegt und empfing seine Besucher deshalb liegend. Er fragte Jōshū: »Woher bist du gekommen?« Jōshū antwortete ihm: »Vom Zuizo-Tempel.« (Zuizo bedeutet wörtlich »wunderbarer Buddha«. Da es in diesem Tempel die Statue eines berühmten Buddha gab, hieß der Tempel »Zuizo-Tempel«.)

Nansen fragte daraufhin weiter: »Hast du Zuizo, den wunderbaren Buddha, gesehen?« Jōshū antwortete: »Nein, Zuizo habe ich nicht gesehen, aber ich sehe nun den liegenden Tathāgata (Buddha).« Als Meister Nansen dies hörte, setzte er sich auf und sagte: »Hast du schon einen Meister oder nicht?«, und Jōshū erwiderte sofort: »Ich habe einen.« Meister Nansen fragte: »Wer ist dein Meister?«, woraufhin Jōshū sagte: »Obwohl es schon Frühling ist, herrscht noch strenge Kälte. Aber ich freue mich, dass es dem verehrten Meister so gut geht.«

Angesichts dieser Antwort des jungen Jōshū, der noch nicht in der Zen-Übung stand und dennoch von keinem der Worte Meister Nansens verwirrt oder irregeführt wurde, werdet ihr sicher verstehen, wie ungewöhnlich und hervorragend er schon im Alter von achtzehn Jahren war. Als Meister Nansen fragte, ob er den wunderbaren Buddha gesehen habe, meinte er natürlich nicht die Buddha-Statue im Tempel Zuizo, sondern wollte wissen, ob Jōshū den *wirklichen* Buddha erkannt hatte. Die meisten Leute würden angesichts solch einer Frage dazu tendieren, über die abstrakte Idee eines Buddha Erörterungen anzustellen. Auch auf die nächste Frage Meister Nansens nach dem Meister würden die meisten wohl den Namen des Priesters vom Zuizo-Tempel angeben, und ein paar würden vielleicht versucht sein, über ihre eigene Subjektivität, ihren eigenen Geist zu reden. Jōshū jedoch war weder befangen wegen des Priesters, der ihn zu Meister Nansen mitgenommen hatte, noch in irgendwelche begriffliche buddhistische Lehren oder Dogmen verstrickt, sondern machte direkt den vor ihm sitzenden Nansen zu seinem Meister.

Jōshū übte dann unter Meister Nansen bis zu dessen Tod. Folgende bewegende Worte – Meister Nansen war zu diesem Zeitpunkt ungefähr fünfzig Jahre alt und Jōshū in den Zwanzigern – führten zu seiner ersten Erleuchtung. Jōshū fragte Meister Nansen: »Was ist der Weg?« Nansen antwortete: »Der gewöhnliche, alltägliche Geist ist es.«

Jōshū fragte: »Ist es dann trotzdem nötig, nach ihm zu streben und zu üben?« Nansen antwortete: »Wenn du nach ihm strebst, handelst du ihm zuwider.« Jōshū fragte weiter: »Wenn man nicht nach ihm strebt, wie kann man ihn dann verstehen?« Nansen erwiderte: »Der Weg hat mit Verstehen oder Nichtverstehen nichts zu tun. Verstehen ist irrige Kenntnis, Nichtverstehen ist Unbewusstheit. Wenn man wirklich den Weg jenseits von jeglichem Streben erreicht, dann ist er wie der große, weite Himmel – vollständige, wunderbare Leere. Warum willst du mit Gewalt Richtig und Falsch erzeugen?»[3] Als Jōshū das hörte, erwachte er unmittelbar zur tiefen, unergründlichen Bedeutung, und sein Geist war wie der klare, helle Mond.

Nach dieser großen religiösen Erfahrung ist es von daher ganz selbstverständlich, dass Jōshū wieder und wieder

Der Höchste Weg
ist nicht schwierig,
nur ohne Wahl

als Ausdruck seines Geisteszustandes aufgriff und zitierte. Aber selbst nach dieser großen Erleuchtung hörte er nicht auf, seinen Geisteszustand zu vertiefen. Als er 57 Jahre alt war, starb Meister Nansen, und Jōshū begab sich daraufhin auf Wanderschaft zu den Klöstern Chinas. Er sagte, dass er sich von einem siebenjährigen Kind belehren lassen wolle, falls es tiefere Erkenntnis als er selbst hätte, und dass er einen hundertjährigen Alten unterweisen würde, sollte dieser geringere Erkenntnis besitzen als er.

Mit achtzig Jahren ließ er sich dann im Tempel Kannon-in in der Provinz Jōshū in Nordchina nieder (das ist der Grund, warum er selbst von diesem Zeitpunkt an Meister Jōshū genannt wurde) und blieb dort bis zu seinem Tod im hohen Alter von 120 Jahren. Während dieses Zeitraums lehrte er unzählige Menschen und wurde, weil er es verstand, die Wahrheit mit sehr natürlichen und freundlichen Worten auszudrücken, von vielen gepriesen; man sagte von ihm, aus seinem Mund ströme Licht.

Dialoge, in denen er diesen ersten Vers Sōsans »Der Höchste Weg ist nicht schwierig, nur ohne Wahl« verwendet, kommen allein im *Hekigan-roku* viermal vor. In allen vier Fällen geschieht es in der Absicht, diejenigen, die diesen Vers Sōsans nur als Worte verstehen, ihn nur als Theorie auffassen, erneut auf den wahren Geisteszustand hinzuweisen. Damit auch ihr das *Shinjinmei* nicht nur theoretisch erfasst, sondern den tatsächlichen Geisteszustand, der darin zum Ausdruck kommt, auskosten könnt, möchte ich noch einen Dialog von Jōshū anführen:

Eines Tages sagte Jōshū zu den versammelten Mönchen: »Der Höchste Weg ist nicht schwierig, nur ohne Wahl. Ist da auch nur ein klein wenig Reden (darüber), dann: hier Wahl (Unterscheidung, Verblendung), da helle Klarheit (Erleuchtung). Ich hier befinde mich nicht in der hellen

Klarheit. Aber ihr bewahrt sie doch, oder etwa nicht?« Ein Mönch erwiderte darauf: »Wenn man schon nicht in der hellen Klarheit ist, was kann man da bewahren?« Jōshū antwortete: »Das weiß ich auch nicht.« Da sagte der Mönch: »Wenn der Meister das schon nicht weiß, warum kann er dann sagen, dass er sich nicht in der hellen Klarheit befinde?« Jōshū erwiderte: »Im Fragen bist du wirklich gut. Nun mach deine Verbeugung und geh.«[4]

Könnt ihr den »alltäglichen Geist« Jōshūs in diesem Dialog erkennen? Die Frage des Mönchs war logisch und stringent, durch seine Antwort schien Jōshū ihm unterlegen. Aber in Jōshū gibt es nicht einmal die Spur eines Geistes, der in Logik, in Sieg oder Niederlage verstrickt wäre. Der Mönch hätte, als er Jōshū mit seinen Fragen in die Enge zu treiben suchte, bereits in dessen ruhiger und gelassener Antwort »Das weiß ich nicht« Jōshūs Geisteszustand, den Geist ohne Wahl, erkennen müssen. In seiner Logik verfangen, stellte er jedoch die nächste Frage, und deshalb sagte Jōshū ihm schließlich: »Mach deine Verbeugung und geh.« Mit diesem letzten Satz wischte Jōshū alle Kategorien von Richtig und Falsch, Gut und Schlecht, Sieg und Niederlage weg. Ob auch der Geist des Mönchs damit klar und leer wie ein weiter Herbsthimmel wurde, ist nicht bekannt. Aber ich hoffe, dass ihr nach diesem Dialog dem Geist von »Der Höchste Weg ist nicht schwierig, nur ohne Wahl« etwas näher gekommen seid.

Meister Jōshū sagte zu einem Mönch, gleich ob er das erste Mal zu ihm kam oder zum wiederholten Mal: »Hier, trink eine Schale Tee!« Der Kan-in (wörtl. Sekretär; eines der sechs Pflichtämter in einem Kloster), der dies hörte, fragte daraufhin: »Meister, gleich ob ein Mönch das erste Mal kommt oder zum zweiten oder dritten Mal, immer sagt ihr gleichermaßen ›Hier, trink eine Schale Tee!‹ Was bedeutet das? »Jōshū erwiderte: »Kan-in! Hier, trink eine Schale Tee.«

Mach deine Verbeugung und geh! Hier, trink eine Schale Tee! – nur Klarheit und Weite, wie ein strahlender Herbsthimmel.

Das Wahre ist nicht schwierig;
nicht wählerisch sein –
das ist es.

但莫憎愛
洞然明白

Hasse nicht,
liebe nicht,
dann ist es klar
und eindeutig.

毫氂有差
天地懸隔

Gibt es auch nur
die kleinste Unstimmigkeit,
entsteht ein Unterschied,
so groß wie der
zwischen Himmel und Erde.

Wählen« ist ein Geisteszustand, in dem Urteile über Werte gefällt werden, und der Maßstab für diese Werturteile, dafür ob man etwas mag oder nicht, ist das eigene Selbst. Deshalb sagt Sōsan:

Hasse nicht,
liebe nicht,
dann ist es klar
und eindeutig.

Er meint damit nicht, dass es nichts mehr gibt, was man mag oder nicht mag, sondern dass es kein Ich mehr gibt, das als Maßstab dafür fungiert. Dies beschreibt der japanische Meister Shidō Bu'nan (1602–1676), der Dharma-Großvater von Meister Hakuin (1686–1769), mit folgenden Worten: »Während man lebt tot sein und es vollkommen durchdringen, das bedeutet, frei zu handeln, so wie man möchte.«

Liebe und Hass, Anhaften und Ablehnen sind das Resultat eurer vorgefassten Meinungen, deren Basis euer Ich ist – ein Konglomerat aus angesammelten Erfahrungen und gespeichertem Wissen. Natürlich ist es im Leben notwendig, Dinge zu beurteilen, aber es gibt nichts Schlimmeres als Urteile, die sich auf falschen Informationen gründen. Bevor wir deshalb irgendwelche Urteile fällen, sollten wir zuerst die Dinge, so wie sie sind, in uns aufnehmen und nicht – wie wir es uns zur Gewohnheit gemacht haben – aufgrund vergangener Erfahrungen und erstarrter Kenntnisse urteilen und bewerten.

Zur Beurteilung und Kategorisierung von Dingen und natürlich auch von Menschen haben wir oft einen Maßstab, den wir uns, sollte man ihn uns nicht im Zuge unserer Erziehung gelehrt haben, selbst gesucht und geschaffen haben und der uns geeignet erscheint, die Welt zu kategorisieren. Wir schwächen so unser ursprüngliches Vermögen, alles in seiner Soheit zu empfangen. Die Wahrheit, die wir innerhalb dieser Gewohnheit des vorauseilenden Beurteilens ergreifen können, ist beschränkt und unterliegt bestimmten Bedingungen.

Eine Erklärung der Wahrheit, die sich im Rahmen eines Systems von Menschen erzeugter Logik bewegt, ist begrenzt; diese selbsterschaffene Logik zu verwerfen, sie zu überschreiten und alles in seiner Soheit zu empfangen, das ist Zen. Nehmt deshalb die Brille eurer vorgefassten Meinungen ab, und empfangt alles, so wie es ist.

Hasse nicht,
liebe nicht,
dann ist es klar
und eindeutig.

Dies ist der Geisteszustand des Nichtwählens, in dem alles in seiner Soheit in Erscheinung tritt, klar und ohne Verzerrungen, in dem man eins ist mit allem. Eins mit dem Höchsten Weg – und dort sind das Heilige und Gewöhnliche eins, der Höchste Weg und andere Wege eins, und es gibt keine Unterschiede. Man selbst und Buddha sind eins. Wenn ihr keine Einwände erhebt, dann entsteht sofort Einheit. Wenn alles entblößt und nackt ist, unmittelbar und direkt, dann ist es klar und eindeutig. Aber

Gibt es auch nur
die kleinste Unstimmigkeit,
entsteht ein Unterschied,
so groß wie der
zwischen Himmel und Erde.

Wenn auch nur das winzigste Etwas in dieses Einssein eindringt, wenn sich auch nur eine Spur von Vernünftelei oder Spitzfindigkeit dazwischendrängt, wenn der geringste Einwand entsteht, dann ist der Höchste Weg bereits aus eurem Bewusstsein verschwunden. Dann sind Buddha und gewöhnlicher Mensch, Erleuchtung und Täuschung, gut und schlecht, gescheit und dumm, Selbst und andere so weit voneinander entfernt wie Himmel und Erde.

Wenn du Liebe und Hass verwirfst,
dann tritt alles
in seiner Soheit
klar in Erscheinung.

Aber wenn in deinem Geist
auch nur eine Spur
von Liebe und Hass auftaucht,
dann sind deine Gedanken
und die Wirklichkeit
so weit voneinander entfernt
wie Himmel und Erde.

欲得現前
莫存順逆

Wenn du es
vor den eigenen Augen haben möchtest,
darf weder Richtig
noch Falsch existieren.

違順相爭
是為心病

Der Kampf zwischen
Verschiedenheit und Übereinstimmung
führt zur Krankheit
des Geistes.

Wenn das, was in diesem Gedicht als »Höchster Weg« besungen wird, lebendig vor euren Augen wirken soll, dürft ihr keine Unterscheidungen treffen und bestimmen, ob etwas dem Höchsten Weg entspricht oder nicht. Dann dürft ihr keine Trennungen vornehmen und sagen, dass ihr selbst dem Weg gemäß handelt, wohingegen andere ihm zuwiderhandeln. Es reicht, wenn ihr nur einfach natürlich seid – ganz und gar natürlich. Ihr alle seid bestrebt, euch zu entwickeln, Fortschritte zu machen. Ihr seid ehrgeizig. Aber ihr solltet deswegen nicht denken, dass ihr anderen überlegen wäret, sondern euch darüber im Klaren sein, dass es allein eine tiefe karmische Beziehung ist. Denn euer Geist, der nach »Höherem« strebt, ist gleichzeitig der Geist, der Unterscheidungen erzeugt, der Geist, der sich mit dem, was ist, nicht zufriedengibt, der gut und schlecht unterscheidet und sich bemüht, das Gute zu erlangen und das Schlechte zu vernichten. Ehrgeiz bedeutet in anderen Worten, das »Hier und Jetzt« zu missachten, eine Stufe höher aufsteigen zu wollen und so das Paradies an einem anderen Ort zu suchen. Wenn ihr euch fortwährend fragt, ob ihr einem bestimmten Ideal entsprecht oder ihm zuwiderhandelt, ob ihr mit dem Weg übereinstimmt oder nicht, dann ist dieser Weg nur etwas Ausgedachtes, in dessen Mittelpunkt euer eigenes Selbst steht. Es ist ein Weg, dem Liebe und Hass zugrunde liegen, ein Weg der Wahl – und die Sorge, ob ihr solch einem Weg entsprecht, ist letztlich nur die Sorge, ob euren eigenen Wünschen und Vorstellungen entsprochen wird oder nicht. Die Anstrengungen, die ihr macht, um eine Übereinstimmung mit den eigenen Vorstellungen zu erreichen, sind jedoch nicht der wahre Weg, sondern nur eine Krankheit des Geistes, verursacht von der Unwissenheit um das Wesentliche.

Wenn du die wahre Welt
vor deinen Augen haben willst,
darfst du keinen Geist
der Unterscheidungen hegen.

Darüber nachzudenken,
ob du dem Wahren
entsprichst oder nicht,
ist eine Krankheit des Geistes.

不識玄旨
徒労念静

Wer das subtile Prinzip nicht kennt,
müht sich vergeblich,
die Gedanken zur Ruhe zu bringen.

Nun stellt sich die Frage, was dieses Wesentliche, dieses »subtile Prinzip« eigentlich ist. Der japanische Meister Hakuin Ekaku nannte es »mit einem Hieb alle acht Bewusstseinsebenen durchschneiden« – nicht nur die bewussten Unterscheidungen und Wertungen, sondern gänzlich alles, was tief in unserem Herzen begraben liegt. Genau das ist Zazen, dieser Geisteszustand, in dem alles durchschnitten ist.

Shidō Bu'nan sagte: »Töte, töte, töte dich selbst. Wenn du dich vollkommen getötet hast, dann werde zum Meister von anderen.« Das kann leicht so verstanden werden, als ob man das Selbst willentlich vernichten müsste, aber wesentlich ist wirklich nur eins: Hasse nicht, liebe nicht, sei ohne Wahl. Nicht wahr und falsch, wertvoll und nutzlos unterscheiden und wie ein Einfaltspinsel, ohne Einwände, ohne Urteile, alles in sich aufnehmen und entsprechend wirken, das ist der Geisteszustand, den sowohl Meister Hakuin als auch Meister Shidō Bu'nan besingen. Wer das nicht realisiert hat und versucht, durch Willensanstrengung die Gedanken zur Ruhe zu bringen, müht sich vergebens ab. Wenn ihr durch Zazen eure Gedanken beruhigen wollt, dann liegt genau diesem »Beruhigenwollen« ein Selbst mit einer Absicht zugrunde. Dies ist absolut vergebliche Mühe. Auch ich habe lange Zeit den Fehler gemacht und versucht, durch die Kraft meines Willens zu üben und etwas zu erreichen, ohne zu erkennen, dass Übung nichts mit Willensanstrengung zu tun hat. Manchmal kommen Eltern zu mir und sagen, dass sie ihr Kind gern für eine Weile in den Tempel geben würden, weil es willensschwach sei. Sie glauben, Zazen sei eine Methode zur Willensstärkung und Vertiefung von Ausdauer und Hartnäckigkeit. Aber was durch solch ein Zazen hervorgebracht wird, sind nur Starrköpfigkeit und Eigensinn. Man kann nicht durch die Kraft des Willens das Ich vernichten und zu Nicht-Geist werden. Wir alle sind von Geburt an Nicht-Geist – es besteht überhaupt keine Notwendigkeit, es zu »werden«. Zazen an sich ist der Zustand von Nicht-Geist. Ihr könnt nicht durch Zazen zu Nicht-Geist werden, aber ihr könnt zu diesem ursprünglichen Zustand »zurückkehren«. Nicht-Geist ist ursprünglich vorhanden – es liegt an euch, dies zu realisieren. Aber Willensanstrengungen sind dabei vergebliche Mühe, denn dadurch werden keine Gedanken beruhigt, sondern im Gegenteil nur erzeugt.

Weil du das Wichtigste
nicht verstehst,
bemühst du dich vergeblich,
deine Leiden zu beenden.

円同太虚
無欠無餘

Es ist absolut,
Große Leere,
ohne ein Zuwenig,
ohne ein Zuviel.

良由取捨
所以不如

Wirklich,
nur Ergreifen und Verwerfen
sind der Grund
für Verschiedenheit.

Das Ursprüngliche ist absolut, ohne Begrenzungen oder Beschränkungen; wie könnte es von einem kleinen Willen bewegt werden? Das chinesische Zeichen, das hier mit »absolut« übersetzt ist, hat gleichzeitig auch die Bedeutung von »rund«. Aber dieses »rund« steht nicht im Gegensatz zu eckig, und absolut bedeutet nicht, dass es im Vergleich mit anderen Dingen überlegen ist, sondern dass es mit nichts verglichen werden könnte, weil es bereits alles beinhaltet und alles durchdringt. Das, was hier der »Höchste Weg« genannt wird, das, was als »nicht schwierig« bezeichnet wird, das, was »Ursprüngliches« genannt werden kann, ist von Natur aus unbegrenzt und groß, ist Große Leere an sich. Große Leere – keine Grenzen und kein Ende, ohne ein Zuwenig, ohne ein Zuviel. Zuwenig und Zuviel sind Begriffe, die abhängig von einem bestimmten Maß entstehen. Aber Große Leere ist nichts, was mit etwas anderem verglichen und gemessen werden könnte. Selbst wenn ihr versuchen würdet, ein Maß zu erschaffen – dieses Maß wäre seinerseits bereits in der Großen Leere enthalten. Große Leere beinhaltet alles – es existiert nichts, mit dem sie verglichen werden könnte, deshalb gibt es weder ein Zuwenig noch ein Zuviel. Obwohl das so ist, obwohl wir alle mit der Großen Leere erscheinen und wieder vergehen, wählt ihr willkürlich anhand eurer eigenen Wertungen, ergreift und verwerft, unterscheidet und bestimmt, was gut und schlecht, gewöhnlicher Mensch und Buddha sein soll. Deshalb kommt ihr nicht zur Ruhe und seid nicht mit der Soheit an sich im Einklang.

Wie im grenzenlosen Universum
ist alles inbegriffen –
nichts, was übrigbleibt
oder nicht ausreicht.

Obwohl das so ist,
versuchst du es, mit einem Netz,
gewoben aus Annahme und
Ablehnung, zu ergreifen.
Das ist vergebliche Mühe.

莫逐有緣
勿住空忍

Jage nicht
den Erscheinungen nach,
und verweile nicht
in der Vorstellung von Leere.

一種平懷
泯然自尽

Im Einen
ist der Geist in Frieden,
und Verwirrung erschöpft sich
von selbst.

Jage nicht
den Erscheinungen nach

lasst euch nicht von den Objekten vor euren Augen herumwirbeln, hört auf, an dem, was ihr gesehen, gehört, gerochen, geschmeckt, gefühlt und gedacht habt, zehn oder zwanzig Jahre festzuhalten. Alles in dieser Welt ist stetem Wandel unterworfen. Aber seid vorsichtig und fallt nicht in das andere Extrem, indem ihr die Realität des jetzigen Augenblicks ignoriert und an einer selbst ausgedachten Leere festhaltet oder danach sucht.

und verweile nicht
in der Vorstellung von Leere.

Erscheinungen und Leere – alles ist eins. Ohne überflüssige Einwände, die eindringen, ohne unnötige Begriffe und Interpretationen, die sich dazwischendrängen, ist jeder Augenblick, so wie er ist, eins.

Im Einen
ist der Geist in Frieden,
und Verwirrung erschöpft sich
von selbst.

In solch einer Lebensweise, im Verschmelzen mit jedem Moment, in der Versenkung des »Hier und Jetzt« ist der Geist in Frieden. Da gibt es nicht einmal mehr einen Geist, der ruhig wird, sondern nur natürliche Bewegung. Was ist richtig? Was ist falsch? Was ist Erscheinung? Was ist Leere? Wie kann man erleuchtet werden oder mit dem Weg übereinstimmen? – solche Fragen und Probleme verschwinden, alle Zweifel und Irrungen vergehen, und der »Höchste Weg« erscheint in seiner Soheit.

Jage nicht den Dingen
vor deinen Augen nach,
und gleichzeitig ignoriere nichts.

Wenn im eigenen Geist
überhaupt nichts vorhanden ist,
gibt es keine Probleme.

心動帰止
止更弥動

Willst du die Bewegung des Geistes
zum Stillstand bringen,
dann führt gerade dies
zur totalen Bewegung.

唯滞両辺
寧知一種

Wenn du
diesen beiden Extremen anhaftest,
wie könntest du jemals
das Eine verstehen?

Den Geist in der Ruhe zum Stillstand bringen bedeutet nicht, dass keine Bewegung mehr vorhanden wäre, und die totale Bewegung des Geistes darf nicht so verstanden werden, als ob der Geist, der bis jetzt in Ruhe war, sich plötzlich schnell bewegen würde. Den Geist beruhigen, das bedeutet, zur ursprünglichen, natürlichen Bewegung des Geistes werden. Überlässt man zum Beispiel den eigenen Körper der Strömung eines Flusses, dann ist der Körper innerhalb dieses Fließens im Stillstand. Versucht man aber gegen die Strömung zu schwimmen oder schneller als die Bewegung des Wassers zu sein, dann bewegt man sich. Es fällt euch relativ leicht, mit der Strömung eines Flusses zu treiben und euch der Bewegung des Wassers zu überlassen, aber im Falle des Wirkens eures Geistes fällt es euch schwer, der ursprünglichen, natürlichen Bewegung des Geistes zu entsprechen. Das, was ihr mit den Augen sehen könnt, bewältigt und versteht ihr leicht, aber wenn ihr etwas nicht mit den Augen wahrnehmen könnt, habt ihr Schwierigkeiten, es zu verstehen und dementsprechend zu handeln. In Wirklichkeit ist es das Gleiche – hört nur auf, euch unter Aufwendung von Willenskraft entweder zu bewegen oder still zu sein. Stellt euch vor, ihr treibt mit der Strömung eines Flusses. Es reicht vollkommen, wenn ihr euren ganzen Körper loslasst und euch dem Wasser überlasst. Wenn sich euer Wille auch nur ein wenig rührt, werdet ihr mit Sicherheit Schwierigkeiten haben oder sogar versinken. Genauso ist es, wenn ihr euch anstrengt, mit der Kraft eures Willens den Geist zu beruhigen. Ihr werdet im Gegenteil nur noch erregter, denn die Anstrengung, etwas zum Stillstand bringen zu wollen, ist gerade Bewegung. Zazen üben, den Geist beruhigen, das ist keine willentliche Selbstkontrolle, sondern ein Sich-Überlassen – sich dem ursprünglichen Wirken des Geistes überlassen –, es ist Entspannung. Deshalb wird Zazen auch *Anraku no hōmon*, das Dharmator des Friedens und Glücks, genannt.

Wenn du dich deshalb anstrengst,
den Geist zu beruhigen,
dann bewegt sich der Geist
nur umso mehr.

Dann treibst du letztlich nur
zwischen Bewegung und Stillstand
hin und her,
und der Geist kann nicht
friedlich sein im Einen.

一種不通
両処失功

Das Eine
nicht zu durchdringen
bedeutet,
beides zu verfehlen.

遣有没有
從空背空

Die Erscheinungen verbannen
bedeutet das Zunichtewerden der Erscheinungen;
sich der Leere hingeben
heißt der Leere widersprechen.

Ursprünglich gibt es keine Unterschiede, nur Harmonie. All die verschiedenen Dinge in ihrer ganzen Vielgestalt befinden sich in Harmonie miteinander und sind »Wie-Eins«. Solange ihr euch nicht im Geisteszustand dieser Wirklichkeit befindet, ist es egal, ob ihr euch nach rechts oder links wendet, beides ist ohne Nutzen.

Wenn ihr euch bemüht, nicht von den Dingen, denen ihr jeden Tag begegnet, gefesselt zu werden, dann ignoriert ihr sie letztlich nur. Aber alles, so wie es ist, in sich aufzunehmen, das ist etwas ganz anderes, als es zu ignorieren.

Genauso wie es zwei verschiedene Dinge sind, alles in sich aufzunehmen oder sich davon fesseln zu lassen.

Wenn ihr die euch umgebenden Erscheinungen nicht wahrnehmt und nicht anerkennt, dann fallt ihr lediglich in ein Loch der Leere, denn wenn ihr versucht, alles als Leere zu begreifen, um euch nicht in irgendetwas zu verfangen, dann wird genau dadurch die wahre Leere zunichte. Die Leere, der ihr euch willentlich hingeben wollt, ist nur eine willkürlich ausgedachte Vorstellung der Leere. Im *Herz-Sūtra* (Skrt. *Mahāprajñāpāramitā-Sūtra*) heißt es: »Form ist Leere, Leere ist Form.« Das, was existiert, indem es Form, Farbe und Funktion besitzt, ist gleichzeitig etwas, was diese Form, Farbe und Funktion transzendiert. In anderen Worten: Inmitten von Form, Farbe und Funktion wird es von keinem dieser Aspekte gefesselt. Das wird Leere genannt. Es ist deshalb nicht richtig, wenn ihr Wahrheit als Leere definiert, und es ist auch nicht korrekt, zu behaupten, dass sie Erscheinung sei. Form ist Leere, Leere ist Form – das bedeutet nicht einfach nur, dass beide einander entsprechen und gleich sind, sondern dass ES von Anfang an nicht in Begriffe wie Form oder Leere zu fassen ist; es ist das Leuchten eines kurzen Augenblicks. Deshalb ist die Wahrheit von »Hier und Jetzt« eins, ohne Raum für irgendwelche Vernünfteleien – der Höchste Weg ist nicht schwierig!

Solange du
diesen Geisteszustand nicht erlangst,
sind Bewegung und Stillstand,
ist alles, was du tust, zwecklos.

Wenn du die Dinge verneinst,
dann wirst du
nur von ihnen gefesselt;
wenn du die Leere bejahst,
dann vergeht sie.

多言多慮
転不相応

Viele Worte,
viele Gedanken –
je mehr es sind,
desto weniger treffen sie zu.

絶言絶慮
無処不通

Sind Worte und Gedanken abgeschnitten,
dann gibt es keinen Ort,
der nicht durchdrungen ist.

Es heißt oft, dass es unsere »Triebe« seien, die uns krank machen oder die Gesellschaft in Verwirrung stürzen. Aber ist das tatsächlich wahr? Sind es nicht unsere eigenen abstrakten Vorstellungen und Ideen, die zu allen möglichen problematischen Entwicklungen führen?

Früher wurden diese Vorstellungen hauptsächlich in Worte gefasst und durch diese repräsentiert, aber heutzutage beschränkt sich die Übermittlung dieser selbst erzeugten Begriffe nicht mehr vorwiegend auf Worte, sondern geschieht größtenteils durch Bilder. Wir sind, bevor wir überhaupt anfangen, selbst nachzudenken und nach

Worten zu suchen, schon von einer Unmenge an Konzepten, Ideen und Bildern durchdrungen, die wir durch die Medien in uns aufgenommen haben, und das Resultat davon ist, dass wir, obwohl wir die Absicht haben, zu sehen, nicht wirklich sehen, und obwohl wir die Absicht haben, zu denken, nicht tatsächlich denken, sondern uns lediglich in festgefahrenen Begriffsbahnen bewegen und darin steckenbleiben.

Je mehr ihr euch in diesen Begriffen verfangt und ihnen nachjagt, umso mehr entfernt ihr euch von der Wahrheit. Deshalb sagte Meister Rinzai (chin. Lin-chi I-hsüan, gest. 866/67), der Begründer der Rinzai-Schule des Zen, eines Tages zu seinen Schülern: »In eurem Körper aus Fleisch und Blut ist ein wahrer Mensch ohne Rang. Er kommt und geht durch die Tore eures Gesichts. Diejenigen, die noch keinen Beweis davon haben, seht selbst, seht selbst!«[5] Das Wichtigste in diesen Worten von Meister Rinzai ist nicht der »Mensch ohne Rang«, sondern die Aufforderung: »Seht selbst, seht selbst!« Die meisten Übenden jedoch versuchen nur zu begreifen, was es mit diesem »Mensch ohne Rang« auf sich hat, und verfallen in ein »Darüber-Nachdenken«, und genau da liegt der Fehler.

Mit einem »Darüber-Nachdenken« ist nichts gewonnen. Es gibt nur eines – seht selbst, direkt und unmittelbar! Es ist auch in Ordnung, wenn ihr gar nicht euch selbst betrachtet; ihr könnt genauso gut Bäume, Gräser und die Vögel vor euren Augen betrachten. Denkt nur nicht darüber nach, sondern seht direkt – das seid ihr selbst! Der Mensch ohne Rang ist, ob ihr über ihn nachdenkt oder nicht, klar und deutlich vorhanden. Aber ihr bemüht euch nicht, direkt zu sehen, sondern denkt stattdessen nur darüber nach, ohne zu bemerken, dass dieses Nachdenken oft nicht einmal ein tatsächliches Denken ist, sondern nur ein Herumirren in den Begriffen, die ihr irgendwann in euch aufgenommen habt und an denen ihr nun festhaltet.

Auf diesen Fehler weist Sōsan hier eindringlich hin. Hört deshalb auf mit dem Darüber-Nachdenken und fangt erst einmal an, euch im Sehen zu üben.

> Je mehr du sagst,
> je mehr du denkst,
> desto weiter
> entfernst du dich von der Wahrheit.
>
> Wenn du nicht an Worten
> und Unterscheidungen hängst
> und frei bist von allen relativen Mitteln,
> dann bist du eins mit allem.

帰根得旨
随照失宗

Kehrst du zum Ursprung zurück,
so erlangst du das Prinzip;
folgst du den Widerspiegelungen,
so verlierst du die Essenz.

須臾返照
勝却前空

Ein Moment des Zurückkehrens
von den Widerspiegelungen
übertrifft sogar
das Reich der Leere.

Was hier als »Ursprung« bezeichnet wird, ist genau das Gleiche, was zwölf Strophen vorher »subtiles Prinzip« genannt wurde und was Meister Hakuin »mit einem Hieb alle acht Bewusstseinsebenen durchschneiden« nannte. Wenn man deshalb von den Widerspiegelungen, von jedem einzelnen Phänomen, was im Bewusstsein aufsteigt, irregeführt wird, dann verliert man diesen »Ursprung« aus den Augen.

Der erste Vers im *Shinjinmei,* »Der Höchste Weg ist nicht schwierig, nur ohne Wahl«, erscheint im *Heki-gan-roku* bereits als zweites Kōan und wird bis zum heutigen Tag in der Zen-Übung verwendet. Auch der berühmte

Schwertkämpfer der Meiji-Zeit, Yamaoka Tesshu (1836–1903), arbeitete an diesem Kōan, und es heißt, dass er den ausgespuckten Speichel eines Passanten von der Straße aufleckte, um so den Geisteszustand dieses Kōan zu erfassen. Aber eine solche Vorgehensweise ist gerade der Geisteszustand, der in dieser Strophe mit »folgt man den Widerspiegelungen, so verliert man die Essenz« beschrieben wird. Diese Übungsweise war zwar nicht wertlos für den Schwertkämpfer, denn nur weil er das Problem so gründlich erforschte und es ihn derartig fesselte, konnte letztlich sein großer innerer Umschwung stattfinden. Aber dennoch – es ist nutzlos, wenn ihr euch anstrengt, Bohnenpaste und Kot als Gleiches zu betrachten, um gewaltsam einen Geisteszustand der Gleichheit zu erzeugen; es führt im Gegenteil nur weg vom »Höchsten Weg«.

Ihr dürft jedoch auf keinen Fall übersehen, dass Yamaoka Tesshu nur zu dieser Einsicht gelangen konnte, weil er dieses Kōan wirklich wortwörtlich nahm, es vollkommen und bis zum letzten Tropfen auskostete. So konnte er es überschreiten. Was immer es ist, nur wenn ihr bis zum tiefsten Punkt hinuntersteigt und es gründlich durchdringt, kann ein Überschreiten geschehen. Dann wird euch die gleiche Energie, die euch zum tiefsten Punkt hinunterzog, zum höchsten Punkt aufsteigen lassen. Es ist ein natürlicher Prozess, ohne irgendeine Willensanstrengung, so wie ein Taucher, der durch dieselbe Kraft, die ihn zum Grund führte, wieder nach oben schnellt. Hört deshalb auf, in den seichten und trüben Gewässern eurer Gedanken umherzuschwimmen –

> Ein Moment des Zurückkehrens
> von den Widerspiegelungen

nur wenn ihr selbst den wahren Geisteszustand realisiert, hat es für euch einen Nutzen. Nur dem, was andere sagen, zuzuhören, führt zu gar nichts. Wenn ihr aber auch nur für einen Augenblick nicht von den Objekten eurer Wahrnehmung und von euren geistigen Aktivitäten irregeführt werdet, sondern zum eigenen ursprünglichen Wesen erwacht, mit allem verschmelzt, dann wird die Vorstellung einer Leere, einer willkürlich ausgedachten Leere, überschritten. Leere oder Nicht-Leere, solche Gedanken werden vergessen, und das ursprüngliche, natürliche Wirken, das Wirken ohne Liebe oder Hass, kommt zum Vorschein.

Erfasst du die Wurzel,
dann erlangst du die Essenz;
verirrst du dich jedoch
in den Zweigen und Blättern,
dann verlierst du alles aus den Augen.

Bist du auch nur
einen Moment erleuchtet,
dann bist du Herr
des Universums.

前空転変
皆由妄見

Der Wandel
des Reichs der Leere
erscheint abhängig
von Täuschungen.

不用求真
唯須息見

Du brauchst nicht
nach der Wahrheit zu suchen;
lass nur unbedingt ab
von Überlegungen.

Lasst euch, wenn ihr diesen Vers lest, nicht von den Worten »Leere«, »Wandel« und »Täuschung« hinters Licht führen. Was wir vor Augen haben, ist weder Leere noch Wandel und auch keine unbewegliche, stillstehende Erscheinung. Empfangt ES, so wie es ist! – wenn ihr das nicht könnt, dann ist alles nur ein Bild, das ihr euch selbst ausgemalt habt. Deshalb sagt Sōsan:

Du brauchst nicht
nach der Wahrheit zu suchen

Es ist nicht nötig, nach der Wahrheit zu suchen – aber es nützt euch auch nichts, wenn ihr einfach »nicht sucht« und im Zustand eurer Täuschungen und Vorstellungen verbleibt. Suchen oder Nicht-Suchen ist beides, solange es innerhalb des Bereichs eurer gedanklichen Aktivitäten stattfindet, ohne Nutzen. Verfangt euch deshalb nicht in den Worten »Leere« und »Wandel«, hört auf, »über« Dinge nachzudenken, und empfangt alles, so wie es ist – direkt und unmittelbar.

Dass du die ursprüngliche Leere
vor deinen Augen
in verschiedene Welten aufteilst,
hängt von deinen eigenen
willkürlichen Täuschungen ab.

Es ist nicht notwendig,
nach dem zu suchen, was wahr ist;
hör nur auf, eigenmächtige Unterscheidungen
zu treffen.

二見不住
慎莫追尋

Verweile nicht
in dualistischen Anschauungen;
vermeide es absolut,
ihnen zu folgen.

才有是非
紛然失心

Existieren
Richtig und Falsch
auch nur ein wenig,
dann verliert sich der Geist in Verwirrung

Sōsan sagt:

Verweile nicht
in dualistischen Anschauungen

um euch erkennen zu lassen, dass keine dualistischen Dinge existieren, wenn ihr alles in seiner Soheit direkt empfangt. Nur wenn ihr anfangt, über Dinge nachzudenken, entstehen plötzlich dualistische Begriffe. Und Sōsan fährt fort mit den Worten

vermeide absolut,
ihnen zu folgen

um euch darauf hinzuweisen, dass ihr aufhören solltet, eurem Nachdenkenwollen über die Dinge nachzugeben. Denn wenn ihr über das, was jetzt vor euren Augen ist, nachdenkt und ihm hinterherrennt, dann ignoriert ihr zwangsläufig das Nächste, was vor euren Augen auftaucht. Empfangt nur alles, so wie es ist, dann wird eines nach dem anderen zu euch kommen und euch erfüllen, ohne dass ihr ihm nachhetzen müsst. Aber wenn in euch auch nur ein kleiner Gedanke des »Überlegens« auftaucht, dann könnt ihr die Welt in ihrer Soheit nicht mehr in euch aufnehmen.

Existieren Richtig und Falsch
auch nur ein wenig

Wenn ihr auch nur den Hauch einer dualistischen Anschauung erzeugt, euch in eure Gedanken verwickelt und die eigenen ausgemalten Bilder und Begriffe in den Vordergrund stellt, dann entsteht ein Durcheinander, und ihr verliert euren ursprünglichen Geist, der sich jenseits von Zweifel und Abwägungen befindet, eure ursprüngliche Kraft, euer Leben an sich aus den Augen.

Verstricke dich nicht in einseitige Meinungen
und lass dich

unter keinen Umständen
von etwas verfolgen.

Beginnst du,
auch nur ein wenig
über die Dinge nachzudenken,
dann verlierst du
das Wahre aus den Augen.

二由一有
一亦莫守

Zwei existiert
abhängig vom Einen,
aber du darfst auch nicht
bei dem Einen verharren.

Lasst mich an dieser Stelle eindringlich darauf hinweisen, dass das Lesen eines Zen-Textes nichts mit Lernen im üblichen Sinn zu tun hat. Wir brauchen uns überhaupt nichts über Zen oder Buddhismus anzueignen. Es ist nicht notwendig, das *Shinjinmei* oder andere Texte zu *verstehen.* Wichtig ist allein, die Frage des eigenen Lebens, der eigenen Lebensweise zu durchdringen.

Um diesem Problem näherzukommen, haben wir überlieferte Texte und buddhistische Lehren. Nicht um sie uns anzueignen, sondern um durch sie und mit ihrer Hilfe diese Frage des eigenen Lebens zu ergründen. Seid euch über diesen Punkt im Klaren, bevor ihr den nächsten Vers lest.

Zwei existiert
abhängig vom Einen

Diese Zwei ist nicht einfach nur Zweiheit, sondern alles, was sich als Erscheinung offenbart. Man kann deshalb sagen, dass alle Erscheinungen Zwei sind. Wenn es Mann gibt, gibt es Frau. Mit einer Vorderseite gibt es eine Rückseite. Mit Licht existiert Schatten, Gewinn bedingt Verlust. Groß und Klein, all diese verschiedenen Dinge offenbaren sich als Erscheinungen, als etwas, was sich durch Form, Farbe, Geruch, Wirkungsweise und so weiter kundtut, und darunter fallen nicht nur stoffliche Dinge, sondern auch unsere Gedanken und unsere Worte.

Wenn etwas in Worte gefasst ist, wenn etwas in unserem Bewusstsein auftaucht, ist es bereits eine Erscheinung, und damit einhergehend entsteht notwendigerweise auch sein Gegenteil. Sagt man Geist, dann entsteht sofort als Gegensatz dazu Körper. Sagt man heilig, dann entsteht weltlich. Denkt deshalb bei dem Begriff »Erscheinung« nicht nur an Materie, sondern auch an das, was ihr euch in Gedanken ausmalt, was durch Worte ausgedrückt und mit der Logik untersucht wird. Alle diese Dinge, die Objekte unserer Sinne, bedingen sich wechselseitig und sind dualistisch. Aber obwohl sie einerseits im Gegensatz zueinanderstehen, beruhen sie andererseits auf dem Absoluten, auf dem Einen. Dies wird im Buddhismus Gleichheit genannt und mit Wahrheit an sich gleichgesetzt.

Das, was alles immer und überall gleichermaßen durchdringt, ohne jegliche Unterschiede, ist ausschließlich Wahrheit. In den Erscheinungen gibt es Begrenzungen, existieren Unterschiede zwischen dem, was sich in Reichweite befindet, und dem, was unerreichbar ist, aber es gibt keine wahre Gleichheit. Eine Gleichheit, die auf einer gesellschaftlichen Übereinkunft beruht, ist nichts, was sich als wahre Gleichheit über alles erstreckt. Deshalb kann nur das Eine, das in allen Dingen unterschiedslos wirkt und zum Vorschein kommt, als Gleichheit bezeichnet werden. Es gibt dafür viele schwierige Worte wie Buddha, Gott, Wahrheit oder Glaube, Vertrauen, aber wesentlich ist nur: Es ist eins!

Aus dem Rahmen dieses Einen kann niemand heraustreten, seinem Einfluss kann niemand entgehen, und es gibt niemanden, der getrennt davon leben kann. Weil Menschen ihr Leben leben, ohne dies zu bemerken, weil sie in Gleichgültigkeit gegenüber diesem Einen leben, entstehen die unzähligen Leiden und Verwirrungen. Das ist es, wovor uns die Patriarchen und Meister der Vergangenheit wieder und wieder warnen.

Ihr dürft nun aber nicht dem Irrtum verfallen, zu denken, dass es deshalb richtig wäre, euer Augenmerk nur auf das Absolute, auf das, was Buddha genannt wird, zu richten. Denn diese Wahrheit offenbart sich, während sie sich von Moment zu Moment wandelt, als Erscheinung. Wenn ihr deshalb Erscheinungen gleichgültig oder unbedacht behandelt oder sie gar ignoriert, dann behandelt ihr die Wahrheit an sich gleichgültig und unbedacht; wenn ihr euch andererseits von dem, was diesen Erscheinungen zugrunde liegt, vom Einen, gefesselt werdet, dann ist auch dies wiederum nur Täuschung.

Wesentlich ist, sich weder im Aspekt der Erscheinungen zu verfangen noch sich in das Eine zu verstricken. Ihr dürft das Eine nicht vergessen, aber wenn ihr euch fragt, ob ihr gemäß dem Einen lebt, und euch anstrengt, ihm zu entsprechen, dann entfernt ihr euch nur davon. Meint ihr jedoch, dass es nichts ausmache, das Eine zu vergessen, und ignoriert es deshalb, dann verfangt ihr euch nur in die Erscheinungen.

Der Höchste Weg
ist nicht schwierig,
nur ohne Wahl.

Die Welt der Zwei ist eine Welt der Gegensätze und Begrenzungen. Eine Ansicht, die darin verfangen bleibt, wird »Anschauung der Vergänglichkeit« (jap. *danken)* genannt.

Deren Gegenteil ist die Ansicht, dass das, was den Erscheinungen zugrunde liegt, das Eine, ewig fortdauert; sie wird »Ansicht der Dauer« (jap. *jōken)* genannt. Beide Ansichten sind dualistische Anschauungsweisen, und in einer davon zu verharren und sie zur Wahrheit zu erklären wird »einseitige Ansicht« (jap. *henken)* genannt.

Den Geisteszustand, der dies alles vollkommen überschreitet und sich frei und ungehindert bewegt, können wir in folgendem Dialog zwischen einem Mönch und Meister Jōshū erkennen: Eines Tages kam ein Mönch zu Meister Jōshū und fragte ihn: »Alle Dinge kehren letztlich zum Einen zurück. Wohin kehrt das Eine zurück?« Jōshū antwortete: »Als ich in meinem Heimatort Seishu war, kaufte ich ein Gewand, das war sieben Kin (ein Kin ist etwa 500 Gramm) schwer.«[6]

Weil die Erscheinungen, mit denen ihr jeden Tag konfrontiert seid, jede für sich eine individuelle Form, Farbe und Wirkungsweise besitzt, ist euer Vermögen, die Unterschiede der Dinge wahrzunehmen, sehr stark ausgebildet; ihr führt also ein Leben, das leicht in der Welt der Unterscheidungen verfangen bleibt. In allen religiösen Lehren wird deshalb die Gleichheit aller Dinge betont, was zum Beispiel in Worten wie »Gott liebt alle Dinge in gleicher Weise« seinen Ausdruck findet.

Auch in den Wissenschaften wird versucht, die Wahrheit, die in allen Dingen und ihrer Verschiedenheit in gleicher Weise wirkt, zu erkennen. Ob religiös oder wissenschaftlich – seid euch der Gefahr bewusst, von der »einen fundamentalen Wahrheit« oder auch von der »Gleichheit der Liebe« gefesselt zu werden. Erscheinung und Wahrheit – das sind keine verschiedenen Dinge. Ihr mögt das zwar intellektuell verstehen, aber wenn euch jemand plötzlich dazu befragt, könntet ihr dann so wie Jōshū unbefangen und natürlich und ohne zu überlegen antworten: »Das Eine ist das Gewand, das ich in meiner Heimatstadt gekauft habe.«?

Solch einen Geisteszustand zu erlangen ist wirklich nicht einfach und äußerst wunderbar. Es gibt viele Menschen, die verstehen, dass alle Dinge die Erscheinung Buddhas sind. Aber jemand, der, wenn er unvermittelt gefragt wird: »Was ist Buddha?«, einfach und ohne Zögern den Stock, den er gerade in der Hand hält, oder die Handtasche hochhalten kann – solch ein Mensch ist selten. Das ist der Unterschied zwischen Wissen und einem entsprechenden Geisteszustand.

Sōsan sagt:

> Zwei existiert
> abhängig vom Einen,
> aber du darfst auch nicht
> bei dem Einen verharren.

Das sind nicht nur Worte, und es ist kein Wissen; es ist vielmehr der lebende Sōsan an sich. Vertieft euch deshalb gut in das, was er sagt, und kostet es gründlich aus. Es hat nichts zu tun mit Logik, sondern ist ein Zustand, den ihr selbst direkt realisieren müsst.

Nur weil es unter tausend Menschen kaum einen gibt, der diese Realität erkennt und durchdringt, entstehen Worte und Vorträge, die dies logisch und gemäß den Gewohnheiten der Menschen darlegen. Leider wird genau dies wiederum zum Samen für das, was euch in Verwirrung bringt und hin und her rennen lässt.

Erscheinungen sind dualistisch,
existieren abhängig vom Einen,
aber trotzdem
darfst du das Eine nicht festhalten.

一心不生
万法無咎

Wenn sich kein Geist erhebt,
sind die Zehntausend Erscheinungen
ohne Fehler.

無咎無法
不生不心

Keine Fehler,
keine Erscheinungen –
Nicht-Erheben,
Nicht-Geist.

Der Begriff »Geist« hat verschiedene Bedeutungen. Er wird verwendet im Sinne von fundamentaler Wahrheit, beschreibt aber auch das in jedem wirkende Leben an sich sowie die geistigen Aktivitäten, die eine natürliche Erscheinung dieses Lebens sind. Darüber hinaus impliziert er auch ein Wirken, das sich als Begriffliche-Unterscheidungen-Treffen ausdrückt. Von diesem Geist spricht Sōsan in diesem Vers – dem Geist, der begriffliche Unterscheidungen trifft, der die Grenzen zwischen den verschiedenen Dingen erzeugt, sie vergleicht, Vor- und Nachteile sieht und dann auswählt. Durch solch ein Wirken des Geistes werden die einzelnen Dinge mit einem Etikett versehen, auf dem entweder gut oder schlecht steht. Im Zen gibt es ein bekanntes Sprichwort: »Etwas Großes ist ein großer Buddha, etwas Kleines ist ein kleiner Buddha.« Obwohl ein klarer Unterschied zwischen Groß und Klein gemacht wird, wird beides in seiner Soheit als vollkommene Existenz gesehen. Das nennt Sōsan: »Die Zehntausend Erscheinungen sind ohne Fehler.« Die einzelnen Erscheinungen besitzen zwar ihre jeweiligen Eigenarten, aber gleichzeitig existieren sie nur in Harmonie mit allem anderen. Während es Unterschiede gibt, gibt es gleichzeitig keine Unterschiede.

Keine Fehler,
keine Erscheinungen –

das heißt nicht, dass es keine Erscheinungen an sich gibt, sondern dass es keine Erscheinungen gibt, die nur für sich allein, losgelöst von allem anderen existieren. Ihr dürft nicht denken, Leere oder Nichts würde bedeuten, dass es nichts gibt — ursprünglich existiert jede einzelne Erscheinung abhängig vom hundertprozentigen Ausdruck ihrer Individualität verschmolzen mit dem Ganzen. Aufgrund unserer begrifflichen Unterscheidungen sehen wir nur die eine Seite, die der Individualität, und zwar so, als ob sie etwas von der Harmonie des Ganzen Getrenntes, für sich allein Existierendes wäre. Dann versehen wir sie mit Begriffen wie Überlegenheit und Minderwertigkeit, wertvoll und nutzlos, gut und schlecht und erzeugen so in dieser Welt Dinge, die bewahrt werden müssen, und solche, die vernichtet werden müssen. In der langen Geschichte der Menschheit wurden viele Menschen umgebracht, weil andere eine bessere Gesellschaft, eine in ihrem Sinne ideale Welt erschaffen wollten. Nicht nur Menschen, auch die Harmonie der Natur fielen dieser Denkweise zum Opfer. Einer Denkweise, in der es Dinge gibt, die wichtig, und solche, die wertlos sind.

> sind die Zehntausend Erscheinungen
> ohne Fehler.

Es gibt nichts, was getötet oder vernichtet werden müsste – diese Worte Sōsans sind gerade für uns heutzutage, die in einer Welt mit globalen Problemen leben, welche wir in ihrem ganzen Ausmaß noch nicht einmal erkannt haben, ein sehr ernstzunehmender und wichtiger Hinweis.

> Wenn sich kein Geist
> der Unterscheidungen erhebt,
> gibt es keinerlei
> unnütze Dinge.
>
> Die Welt ohne nutzlose Dinge
> befindet sich in Harmonie,
> und es gibt keine Ausnahmen;
> ohne Unterscheidungen

gibt es keinen Geist,
der in Begriffen verfangen ist.

能隨境滅
境逐能沈

Das Subjekt folgt dem Objekt
und vergeht;
das Objekt folgt dem Subjekt
und verschmilzt.

境由能境
能由境能

Das Objekt ist abhängig
vom Subjekt ein Objekt;
das Subjekt ist abhängig
vom Objekt ein Subjekt.

Ihr wisst zwar, dass es wichtig ist, mit der Umgebung in Harmonie zu sein, um ein glückliches, erfülltes Leben zu führen, aber wisst ihr denn, was wahre Harmonie eigentlich ist? Um Harmonie zu erreichen, versucht ihr, den anderen zu verstehen, ihr konzentriert euch auf ihn, beobachtet ihn und denkt über ihn nach. Aber dadurch entsteht keine Harmonie. Selbst wenn ihr bei diesem Begutachten- und Verstehenwollen mit den besten Absichten vorgeht, führt das nur zu einer Stärkung des Geistes, der sich des anderen »bewusst« ist.

In anderen Worten, ihr seid euch einer »Harmonie« bewusst und vertieft so nur die Gegensätze zwischen euch selbst und den Dingen, die euch umgeben. Nur weil es in eurem Bewusstsein eine dicke Trennungslinie zwischen euch selbst und anderem gibt, müsst ihr euch anstrengen, um Harmonie zu erzeugen – aber Wahrheit ist ursprünglich und von Anfang an Harmonie an sich. Es gibt kein Selbst, das von der Umgebung, von den Objekten getrennt ist, und es gibt keine Objekte, die getrennt sind von einem Selbst. Wegen eures Ich-Bewusstseins habt ihr Probleme, ein harmonisches Dasein zu führen.

Deshalb sagt Sōsan:

> Das Objekt ist abhängig
> vom Subjekt ein Objekt;
> das Subjekt ist abhängig
> vom Objekt ein Subjekt.

Ein Geist, der nach Harmonie strebt, ist unnötig. Es besteht keine Notwendigkeit, nach irgendetwas zu suchen, irgendetwas zu begehren – seid nur entspannt in der vollkommenen, ursprünglichen Harmonie. Meister Rinzai sagt: »*Buji kore kinin* – Ohne irgendein Ding sein ist nobel.« Und er fährt fort: »Kein Geist, der nach etwas verlangt oder sucht, das ist nobel.«

Wenn du dir nicht
der umgebenden Dinge bewusst bist,
dann vergeht auch das Bewusstsein
eines Selbst.

Wenn du dir deiner
selbst nicht bewusst bist,
dann vergehen
auch die umgebenden Dinge
ganz natürlich.

Wenn du dir deiner
selbst bewusst bist,
entstehen gegensätzliche Dinge;
wenn du dir
der Dinge bewusst bist,
wird auch der Geist stark,
der sich seiner selbst bewusst ist.

欲知両段
元是一空

Wer diese beiden Aspekte
verstehen möchte, muss wissen,
dass beides ursprünglich
eine Leere ist.

一空同両
斉含万象

Die eine Leere
ist gleichzeitig beides
und enthält alle
Zehntausend Erscheinungen.

不見精麁
寧有偏党

Es gibt weder
Feines noch Grobes,
warum sollte es
einseitige Anschauungen geben?

Diese Beziehung, dieses Verhältnis zwischen Zwei und Einem könnt ihr nur verstehen, wenn ihr wisst, dass beides eigentlich Leere ist. Erst dann könnt ihr den Geisteszustand der Nichtverstricktheit – weder in die Zwei noch in das Eine – zum Ausdruck bringen. Alle unterschiedlichen Erscheinungen sind das Wirken und die Offenbarung dieser einen Leere. Dies ist keine Ideologie oder eine buddhistische Auffassung, sondern die Wahrheit der Existenz an sich.

Die Erfahrung dieser Wahrheit wurde zum Beispiel von dem Dichter Rainer Maria Rilke folgendermaßen beschrieben:

»Er gedachte der Stunde in jenem anderen südlichen Garten, da ein Vogelruf draußen und in seinem Innern übereinstimmend da war, indem er sich gewissermaßen an der Grenze des Körpers nicht brach, beides zu einem ununterbrochenen Raum zusammennahm, in welchem, geheimnisvoll geschützt, nur eine einzige Stelle reinsten, tiefsten Bewusstseins blieb. Damals schloss er die Augen, um in einer so großmütigen Erfahrung durch die Kontur seines Leibes nicht beirrt zu sein, und es ging das Unendliche von allen Seiten so vertraut in ihn über, dass er glauben durfte, das leichte Aufruhn der inzwischen eingetretenen Sterne in seiner Brust zu fühlen.«[7]

Die eine Leere
ist gleichzeitig beides
und enthält alle
Zehntausend Erscheinungen.

Die ursprüngliche Leere offenbart sich nicht nur als alle Erscheinungen, sondern jede einzelne Erscheinung, sich wandelnd von Moment zu Moment, spiegelt sich wiederum in allen anderen wider, so wie sich bei einer Kristallkugel alle anderen Kugeln widerspiegeln. Im *Avatamsaka-Sūtra* wird dies als »Indras Netz« beschrieben. Am Himmel Indras, des Gottes des Firmaments, hängt ein Netz, in dessen Knotenpunkten sich jeweils ein Juwel befindet. Obwohl die einzelnen Juwelen voneinander getrennt sind und in keiner Beziehung zueinander zu stehen scheinen, sind sie in Wirklichkeit alle miteinander verbunden und spiegeln einander wider. Entfernt man deshalb auch nur ein einziges Juwel, dann wirkt sich das auf das Spiegelbild in allen anderen Juwelen aus. In gleicher Weise steht auch unser Leben unvermeidlich mit allem anderen in Beziehung. Es ist nicht nur die eine Leere, die alle Erscheinungen in sich enthält, sondern jede Erscheinung an sich enthält wiederum alle anderen Erscheinungen. Und darin gibt es keine Unterscheidungen hinsichtlich Überlegenheit und Unterlegenheit.

Es gibt weder
Feines noch Grobes;
warum sollte es
einseitige Anschauungen geben?

Dort gibt es keine Vergleiche zwischen Fein und Grob, zwischen Groß und Klein. Im Kleinen ist das Große enthalten, im Großen spiegelt sich das Kleine. Es gibt nichts Vergleichbares, nichts zwischen dem man abwägen könnte – wie könnte man da einseitige Anschauungen hegen.

Willst du die Wahrheit der Existenz
deiner selbst und anderer wissen? –
Es ist ursprünglich eine einzige Leere.

Wie auch immer –
du selbst bist
wie andere und alle Erscheinungen
Große Leere.

Es gibt schon nichts Vergleichbares,
wie könnte es da Einseitiges geben?

大道体寛
無易無難

Der Große Weg an sich
ist ruhig und weit –
weder leicht
noch schwer.

Vergesst nicht, dass gleich, ob es Leere oder Geist, Buddha oder Großer Weg genannt wird, damit immer dasselbe gemeint ist. Wenn ihr die Worte »Großer Weg« oder »Höchster Weg« lest, dann mag es euch zunächst erscheinen, als ob es sich um etwas außerhalb von euch selbst handelte, etwas, das keine unmittelbare Beziehung zu euch selbst hat – um etwas Wunderbares, das man zwar nicht richtig begreift, aber doch irgendwie verstehen möchte. Dieses Verstehenwollen wird dann leicht zu einem Vorhaben, bei dem man sich anstrengt, um sich das, was darüber gesagt und geschrieben wurde, anzueignen. Aber was wird tatsächlich mit den Worten »Großer Weg« beschrieben? Was ist denn eigentlich gemeint mit »Vertrauen in den Geist«? Was ist dieser Geist? Ersetzt alle diese Begriffe durch ein einziges Wort: Ich – und dann lest es noch einmal so: »Vertrauen in mich selbst«, »Ich selbst an sich bin ruhig und weit, weder leicht noch schwer«, und ihr werdet sehen, dass euch das Problem schon etwas näher gerückt ist. Es stellt sich dann die Frage, warum man selbst »ruhig und weit«, das heißt grenzenlos ist und keinen Beschränkungen unterliegt. Mit eurer ganzen Gelehrsamkeit werdet ihr von den verschiedenen Dingen und Worten gefesselt. Ihr neigt dazu, über die Dinge nur innerhalb eurer gegenwärtigen Bedingungen – zum Beispiel dem momentanen eigenen Alter, den momentanen Wünschen – nachzudenken. Es ist jedoch unbedingt notwendig, viel offener, weiter und umfassender zu denken; das eigene Leben als solches zu bedenken, wenn man ein erfülltes Leben führen möchte. Wir alle wollen gern glücklich sein, das ist unser innerstes Anliegen. Nicht nur heute, sondern auch morgen, übermorgen und danach möchten wir glücklich sein. Über dieses innerste Bedürfnis sind wir uns im Klaren, aber wir wissen leider meistens nicht, wie wir es konkret anstellen sollen. Viele Mütter denken zum Beispiel, dass ihr eigenes Leben, ihr innerstes Anliegen, erfüllt sei, wenn es nur ihren Kindern gutgeht und sie glücklich sind. Sind die Kinder dann groß geworden und verlassen sie das Elternhaus, dann bleibt in vielen Fällen nur Langeweile, Unzufriedenheit und manchmal sogar der Wunsch zu sterben übrig. Ich las einmal einen Zeitungsartikel über einen älteren Herrn, der zwar für sein Alter eine reichliche Geldsumme zur Seite gelegt, aber nun Selbstmord verübt hatte. In seiner Vorstellung hatte er weit vorausgedacht und, um auch im Alter möglichst glücklich zu sein, Geld gespart. Er nahm sich das

Leben, weil er, wie er in einer Nachricht hinterließ, unter Einsamkeit und Langweile litt.

Wir müssen uns deshalb wieder und wieder fragen und ergründen, was eigentlich unser innerstes Anliegen ist, was wir eigentlich sind. »Das interessiert mich nicht, fürs Erste reicht es, wenn ich jetzt glücklich bin« – selbst wenn ihr solch eine Einstellung hegt, solltet ihr bedenken, dass der jetzige Moment des Glücks sofort zum nächsten Moment wechselt. Das, was nur jetzt – fürs Erste – glücklich sein will, ist nicht unser innerstes Selbst, sondern nur unser oberflächliches Selbst. Wenn sich der Moment des Glücks gewandelt hat und die nächste Situation auftaucht, meldet sich bestimmt unser innerstes Selbst und fragt: »Bist du jetzt auch wirklich glücklich? Ist es dir so, wie es jetzt ist, recht?« Während wir einerseits vor anderen prahlen und sagen: »Für das, was ich tue, trage ich allein die Verantwortung«, gibt es andererseits immer mehr Menschen, die ihr eigenes Leben verpfuschen, weil sie von der fragenden Stimme ihres Selbst in die Enge getrieben werden und nicht mehr ein noch aus wissen.

Auf das, wozu man die Beziehung nicht abbrechen kann – man braucht hier gar nicht mit großartigen Worten vom »Verhältnis zwischen sich und Gott« zu sprechen –, auf das, was uns unvermeidlich diese Frage stellt, selbst wenn es keine bewusste, klare Frage ist, sondern sich als Sorge in den verschiedensten Formen, als Unzufriedenheit, Vergeblichkeit oder Einsamkeit, bemerkbar macht, wird schon seit alter Zeit durch die Frage nach der Übereinstimmung mit dem Weg hingewiesen. Daraus entwickelte sich die Lehre, dass man kein wirklich erfülltes Leben führen kann, solange man nicht den »Höchsten Weg« ergründet hat. Bedenkt das gründlich, sonst werdet ihr nicht verstehen, warum man sich um den Weg bemühen soll oder warum um Buddha oder Gott so viele Worte gemacht werden.

Was ist also die konkrete Voraussetzung, um glücklich zu sein – nicht nur in diesem Augenblick, sondern auch im nächsten und wiederum im nächsten? Die Antwort auf diese Frage liegt nicht darin, dass man herausfindet, was man tun muss, um glücklich zu werden. Das Wichtigste ist vielmehr, sich in die Frage nach dem eigenen Selbst zu vertiefen und zu ergründen, was dieses »Selbst« eigentlich ist.

Im Ausland komme ich manchmal mit jungen Christen ins Gespräch, die sich oft mit der Frage beschäftigen, wie sie dem Willen Gottes entsprechen können. Einige denken, sie könnten seinem Willen durch eine Lebensweise entsprechen, die dem folgt, was in der Bibel gelehrt wird. Aber es gibt unzählige Interpretationen der Bibel, und die Frage, was der Wille Gottes eigentlich sei, bleibt damit unbeantwortet. Ich glaube nicht, dass es eine Frage ist, die durch die Bibel oder wissenschaftliche Abhandlungen verstanden werden kann. Es bleibt nichts anderes übrig, als Gott selbst danach zu fragen. Nicht durch die Bibel, nicht durch ein Betrachten der Lebensweise Jesu, nicht durch

Priester, sondern nur durch direktes, unmittelbares Einswerden mit Gott. Nur dadurch kann der Wille Gottes durchdrungen werden.

Wenn ihr deshalb versucht, den »Großen Weg« zu erfassen, müsst ihr eure eigene ursprüngliche Existenz betrachten. Der »Große Weg« kann nur durch die Frage an sich selbst, an das fundamentale, sich stets wandelnde, lebendig wirkende Selbst erlangt werden. Für alle, die sich auf diese Weise bemühen, hat Sōsan über den Ursprung des eigenen Selbst gesprochen und seine Rede *Shinjinmei* genannt.

> Der Große Weg an sich
> ist ruhig und weit –

Dieses Unbegrenzte, Unendliche ist es, was mich als mich und dich als dich leben lässt. Dieses fundamentale, unendliche Leben ist das, was alles, sei es Organisches oder Unorganisches, all die verschiedenen Existenzen hervorbringt, wieder vergehen lässt und erneut hervorbringt.

> Der Große Weg an sich
> ist ruhig und weit –

Wir selbst sind nicht so etwas Winziges und Begrenztes, wie wir es uns vorstellen. Unser Körper scheint eine Grenze zu anderen Menschen und Dingen zu sein, vermeintlich gibt es innen und außen – aber der Körper ist wirklich nur eine temporäre Gestalt, die erscheint und wieder vergeht. Das ihm zugrunde liegende Wesen jedoch ist sowohl zeitlich als auch räumlich ohne Grenzen und nichts, was anhand unserer Empfindungen als schwer oder leicht kategorisiert und angesehen werden könnte.

Das Übereinstimmen mit diesem »Großen Weg«, das Verwirklichen des eigenen Selbst, hat nichts mit Erwägungen über schwer oder leicht zu tun. Zerstört den winzigen Rahmen eures Selbst, unterscheidet nicht anhand eurer angesammelten Kenntnisse und Erfahrungen zwischen Gut und Schlecht – zerstört all diese Begrenzungen und betrachtet alles nochmals von neuem. Nur auf diese Weise kann sowohl der jetzige Moment als auch der nächste Moment wirklich schöpferisch gelebt werden.

Wollen wir nicht abhängig von Gewohnheiten und Imitationen leben, sondern wahrlich frisch und schöpferisch, dann müssen wir unsere Maßstäbe zerstören und alles von neuem betrachten. Dazu müsst ihr zum Ursprung, zum Leben an sich zurückkehren, zu dem ihr zwar die Beziehung niemals abbrechen, das ihr aber aus den Augen verlieren könnt.

> Ursprünglich gibt es weder
> schwierig noch leicht.

小見狐疑
転急転遅

Kleinliches Denken
führt zu Zweifel und Zaudern;
je mehr du eilst,
desto mehr bleibst du zurück.

Kleinliches Denken ist genau die Denkweise, die darauf ausgerichtet ist, das Ich immer mehr aufzublähen. Diese Tendenz gab es natürlich schon immer, aber es scheint, als ob sie heutzutage ganz extrem ausgebildet wäre. Wissen, Erfahrungen und Können, Geld, materielle Dinge oder Macht, je mehr man einerseits das Ich durch solche Dinge vergrößert und aufbläht, desto mehr fühlt man auf der anderen Seite in sich selbst Nichtigkeit und Leere. Zweifel und Zaudern, von denen Sōsan hier spricht, sind genau diese Leere und Angst.

Egal was euch begegnet – und sei es auch nur ein einzelner Grashalm –, wenn ihr versucht, es willentlich in euch aufzunehmen, wird es sich entfernen. Es wird nur dann in euer Herz dringen, wenn ihr ihm natürlich und ohne Geist begegnet. Ein Grashalm oder der »Große Weg«, der das ganze Universum in sich einschließt, sie sind das Gleiche. Solange ihr versucht, durch das Ich irgendetwas zu ergreifen, wird nicht nur ein einzelner Grashalm, sondern selbst der »Höchste Weg« euch nicht erfüllen können.

Das Gleiche gilt auch für das, was ihr als das Wunderbarste und Erfüllendste empfindet – für die Liebe. Die Liebe des Ich versucht, sich das Geliebte zum eigenen Besitz zu machen; das ist aber nicht Liebe, sondern Ausbeutung. Die Liebe eines Buddha ist ganz anders – angesichts dessen, was er liebt, vergeht er selbst. Erleuchtung ist die Liebe eines Buddha für alles Seiende.

Solange ihr das nicht versteht, wird sich nicht nur der »Höchste Weg«, sondern auch alles Existierende von euch entfernen.

Bist du von deinen
eigenen Gedanken gefesselt,
dann rennst du umher
wie ein verirrter Fuchs;
je stärker das Gefühl des Suchens ist,
desto weiter entfernt ist alles.

執之失度
必入邪路

Anhaften bedeutet,
die Angemessenheit zu verlieren
und auf Nebenwege
zu geraten.

放之自然
体無去住

Loslassen ist
Natürlichkeit;
Soheit ist
ohne Gehen und Bleiben.

Je mehr ihr über Wahrheit, über das wahre Selbst oder über Buddha nachsinnt, desto mehr wird das wirkliche Selbst, der wirkliche Buddha, oder, wie Sōsan hier sagt, »die Angemessenheit« aus den Augen verloren. Angemessenheit ist kein Maßstab, den man sich selbst passend zurechtlegt, sondern ist das ursprüngliche freie Wirken des eigenen Selbst, ist die Harmonie des Universums. Es hört sich vielleicht paradox an, dass hier, nachdem die Notwendigkeit des Suchens nach dem wahren Selbst betont wurde, gesagt wird, dass es sich umso weiter entfernt, je mehr man danach sucht. In Wirklichkeit ist das nicht paradox. Die Wirklichkeit erscheint euch manchmal unverständlich, weil ihr einer eigenartigen, willkürlichen Logik anhaftet. Nach der Wahrheit suchen bedeutet nicht bewusst und vorsätzlich suchen, sondern es bedeutet, sich zu ergeben, sich zu überlassen. Wir leben abhängig vom »Großen Leben«; seid deshalb ruhigen Herzens und ergebt euch, vertraut euch diesem Leben an, glaubt ihm, habt Selbstvertrauen. Selbstvertrauen hat nichts damit zu tun, dem eigenen begrenzten Wissen und Urteilsvermögen zu glauben, sondern es bedeutet, sich dem »Großen Leben« in einem selbst anzuvertrauen. Nur das kann man wirkliches Selbstvertrauen nennen.

Loslassen ist
Natürlichkeit

Wenn ihr das Nachsinnen und Mutmaßen aufgebt, dann erscheint der »Große Weg«, Buddha oder das wahre Selbst ganz natürlich.

Soheit ist
ohne Gehen und Bleiben.

Das, was uns existieren lässt, das, was uns leben lässt, ist ohne Gehen und Bleiben, weil es sich überallhin erstreckt, weil alles davon erfüllt ist. Das Leben, das selbst das

Universum übersteigend alles durchdringt, ist von nirgendwoher gekommen und kann nirgendwohin gehen. Der Gedanke, dass es irgendwohin gegangen sei, entsteht nur dann, wenn wir es aus den Augen verloren haben, und in dem Moment, in dem wir seiner dann wieder gewahr werden, denken wir, es sei von irgendwoher gekommen.

Je stärker du nachsinnst,
desto mehr verlierst du
das Wahre aus den Augen
und gerätst auf Nebenwege.

Wenn du deine eigenen
willkürlichen Gedanken verwirfst
und dich dem Natürlichen überlässt,
dann führt der Weg
nirgendwohin.

任性合道
逍遥絶悩

Sich dem eigenen Wesen
anzuvertrauen
ist Vereinigung mit dem Weg,
und die Sorgen werden zunichte,
als schlendertest du
unbekümmert umher.

Im *Avatamsaka-Sūtra* (jap. *Kegon-Kyō*), auf dem die Lehren der Kegon-Schule beruhen und das im gesamten Mahāyāna-Buddhismus hoch geschätzt und oft zitiert wird, steht im Mittelpunkt »die Lehre vom Sich-Zeigen des Wesens« (jap. *shō ki no setsu*). Wesen oder, in anderen Worten, ursprünglicher Geist wird in diesem Sūtra gleichgesetzt mit Leere. Leere nicht im Sinne eines nihilistischen Nichts, sondern als das alles Umfassende und alles Gebärende.

Die Lehre vom Sich-Zeigen des Wesens betont, dass sich die Leere als Erscheinung offenbart. Wesen und Erscheinung sind eins. Das Wesen ist das Unbegrenzte, Absolute, weit und groß wie die Leere; die Erscheinungen sind das Begrenzte, jede für sich mit eigenen Charakteristika ausgestattet und bestimmten Bedingungen unterworfen. Diese Erscheinungen, die selbst Begrenzungen unterworfen sind, sind aus ihrem genauen Gegenteil, dem Unbegrenzten, Nichtbedingten, entstanden. Aus diesem

Grund wird der Begriff »Wesen« nicht nur für das Absolute verwendet, sondern gleichzeitig auch für die aus dem Absoluten entstandenen Erscheinungen. Im *Mahāprajñāpāramitā-Hridaya-Sūtra* (jap. *Maka-Hannyaharamita Shingyō*) steht der berühmte Vers: »Form ist Leere, Leere ist Form.« Diese Leere und Form sind nichts anderes als das »Sich-Zeigen des Wesens« im Kegon-Sūtra.

Das macht vielleicht etwas verständlicher, warum es möglich ist, mit dem Weg, dem absoluten Wesen, eins zu werden, indem man dem eigenen Wesen nachgeht. Dies nicht nur als philosophisches Konzept begreifen, sondern es unmittelbar leben, ist Zen. Sich dem, was uns ursprünglich leben lässt – dem eigenen Wesen – zu überlassen, genau das ist die Vereinigung mit dem Weg – ist der Weg an sich. Wenn ihr das verwirklicht, dann könnt ihr das eigene Leben voll auskosten, und es ist so, als ginget ihr ruhig spazieren.

So wie es ist,
ist es das Wahre;
bist du entspannt,
dann sind auch Sorgen
ein Geschmack des Lebens.

繫念乖真
昏沈不好

Wenn sich Gedanken fortsetzen,
widerspricht das der Wahrheit,
du versinkst in Dummheit
und bist unfrei.

不好劳神
何用疎親

Unfreiheit ermüdet den Geist;
wozu
über Entfernung und Nähe
nachdenken?

Wenn ihr irgendwo hängenbleibt, euch verstrickt und dann willkürlich bestimmt: »Dies ist der Weg« oder »Das ist Buddha«, dann stellt ihr euch nur dem wahren Weg, dem wirklichen Buddha, entgegen. Euer Geist wird blind, und ihr verliert die eigene, ursprüngliche, erfüllte Lebensweise aus den Augen. Ein Leben ohne Erfülltheit, ohne Freude – das erschöpft den Geist.

Übereinstimmung mit dem Weg, Entfernung vom Weg – es ist nicht notwendig, darüber nachzudenken. Das bedeutet aber nicht, dass ihr es getrost vergessen könnt und es nichts ausmacht, wenn ihr von den eigenen Begierden irregeführt werdet. Was hier gesagt wird, ist, dass man nicht über Entfernung und Nähe zum Weg nachzudenken braucht, wenn man damit vereint ist. Jemand, der seinem ursprünglichen Wesen entsprechend lebt, braucht nicht zu überlegen, ob er davon entfernt ist oder nicht. Wenn man wirklich glücklich ist, braucht man sich nicht zu überlegen, ob man glücklich ist oder nicht. Im selben Augenblick, in dem man anfängt, sich Gedanken darüber zu machen, ist man mit Sicherheit schon vom Glück entfernt. Nur wenn man sich verloren hatte im Eifer, sich vergessen hatte in dem, was man tat, kann man rückblickend sagen, dass das ein Moment des Glücks und der Zufriedenheit war.

Wenn der Geist
irgendwo hängenbleibt,
ist die Freiheit verloren;
das Wirken des eigenen,
ursprünglichen Wesens erlischt.

Warum machst du
aus dem Weg ein Problem?
Nur weil du Probleme erzeugst,
rufst du Übereinstimmung und
Nichtübereinstimmung
mit dem Weg hervor
und ermüdest dich.

欲取一乘
勿悪六塵

Willst du
das Eine Fahrzeug erlangen,
darfst du keinen Widerwillen gegen
die Sechs Arten des Staubs hegen.

Dem Naturell und dem geistigen Vermögen des einzelnen Menschen entsprechend gibt es eine ihm gemäße Übungsweise zur Erlangung der Buddhaschaft. Das sind die sogenannten Drei Fahrzeuge. Das erste ist das Fahrzeug der Hörer (Skrt. *Shrāvakayāna*), das zweite ist das Fahrzeug der Einsam-Erwachten (Skrt. *Pratyekayāna*) und das dritte ist das Fahrzeug der Erleuchtungswesen (Skrt. *Bodhisattvayāna*). Diese drei Fahrzeuge sind jedoch nur Hilfsmittel, um zu dem Einen Fahrzeug (Skrt. *Ekayāna*) zu gelangen. Dieses Eine Fahrzeug ist die, vom Mahāyāna-Buddhismus gelehrte, letztendliche Wahrheit an sich. Die Lehre des Einen Fahrzeugs wird besonders im *Lotos-Sūtra* (jap. *Hokke-kyō*) und im *Avatamsaka-Sūtra* (jap. *Kegon-kyō*) betont.

Wenn ihr dieses Eine Fahrzeug erlangen möchtet, wenn ihr den Zustand der tiefsten Erleuchtung erreichen wollt oder, um es konkreter zu sagen, wenn ihr euer ganzes Leben ohne Bedauern, ohne Reue leben möchtet, dürft ihr keinen Widerwillen gegen die Sechs Arten des Staubs hegen. Die Sechs Arten des Staubs sind das, was uns umgibt, die Objekte unserer Wahrnehmung – das, was wir sehen, hören, riechen, schmecken, ertasten und denken. Wenn das eigene Wesen gegenüber diesen Objekten sein ursprüngliches, freies Wirken verliert und von einem dieser Objekte gefesselt wird, dann werden diese Objekte zu sogenanntem Staub oder zu Befleckungen.

Ursprünglich ist nichts von vornherein gut oder schlecht. Gutes oder Schlechtes entsteht nur abhängig von der Art, wie wir den Dingen begegnen. Wir brauchen die Dinge nicht als gut oder schlecht zu kategorisieren und eine Auswahl zu treffen. Wenn man entsprechend der Kraft des ursprünglichen Lebens lebt und wirkt, dann kostet man alles, dem man begegnet, als vollen Geschmack des Lebens aus. Nicht die Lebensumstände zu wählen, sondern mit der jeweiligen Situation zu verschmelzen, keinen Widerwillen gegen die Sechs Arten des Staubs zu hegen, gerade das kann der Zustand der wahren Erleuchtung, der Zustand des »Großen Weges« genannt werden. Der Höchste Weg ist nicht schwer – das wirkliche Leben ist nicht schwer.

> Wenn du das wahre Leben leben willst,
> darfst du keine Abneigung
> gegen das natürliche Wirken
> der Menschen haben
> und es Begierde nennen.

六塵不悪
還同正覚

Gegenüber den Sechs Arten des Staubs
keinen Widerwillen hegen,
gerade das entspricht der
vollkommenen Erleuchtung.

Die Sechs Arten des Staubs sind die Formen und Farben, die wir mit unseren Augen wahrnehmen, die Töne, die wir mit unseren Ohren hören, der Geruch, den wir mit unserer Nase riechen, der Geschmack, den wir auf unserer Zunge schmecken, das, was wir auf unserer Haut fühlen, und die Dinge, die in unserem Bewusstsein Gedanken entstehen lassen. Kurz gesagt, die Objekte unserer Sinne und unseres Bewusstseins werden die Sechs Arten des Staubs genannt, weil wir uns von ihnen einnehmen lassen und sie somit zu Staub machen, der unseren Geist bedeckt. In Wirklichkeit jedoch sind diese Objekte weder Staub, noch ist in unserem Geist ein Wirken, das sie zu Staub oder Befleckungen machen würde. Sie werden nur deshalb zu Staub, weil die Menschen der Kraft, die sie ursprünglich besitzen, nicht vertrauen.

Im Buddhismus sprechen wir von den Fünf Aggregaten (Skrt. *Skandha*), Körperlichkeit, Empfindung, Wahrnehmung, psychische Formkräfte und Bewusstsein, als den fünf daseinskonstituierenden Elementen. Körperlichkeit wird der Materie zugeteilt, die anderen vier dem geistigen Wirken. Bis jetzt habe ich die Sechs Arten des Staubs vor allem als Reaktion auf das, was wir durch unsere Sinne wahrnehmen, beschrieben, aber wir reflektieren nicht nur wie ein Spiegel lediglich das, was vor unseren Augen auftaucht, sondern wir produzieren auch, wenn es nichts gibt, was widergespiegelt werden könnte, verschiedene Dinge in uns selbst.

Empfindung und Wahrnehmung sind Reaktionen auf Dinge, die wir von außen in uns aufnehmen, psychische Formkräfte dagegen sind die von innen wirkenden, »blinden Triebe«. Blinde Triebe sind nicht nur unsere Bedürfnisse nach Essen, Schlaf, Sex und so weiter, sondern es sind zum Beispiel auch Wertungen, die wir vornehmen, wenn wir Dinge vergleichen und Vor- und Nachteil, gut und schlecht bestimmen. Kurz gesagt, unsere geistigen Aktivitäten wie Willensanstrengung, Aufmerksamkeit und Urteilskraft sind blinde Triebe. Sie alle sind nicht trennbar von unserer Körperlichkeit, sondern gehen Hand in Hand mit ihr.

Ist es nun aber nicht so, dass wir mehr oder weniger unbewusst den Körper auf eine ziemlich niedrige Stufe stellen, den Geist jedoch auf eine sehr hohe? Das bedeutet, dass wir eine Trennung zwischen Körper und Geist vornehmen und diejenigen, die diese blinden Triebe nicht mehr durch den Körper manifestieren, sondern sie im Gegenteil willentlich unterdrücken, besonders hoch schätzen. Deshalb wird von einem ranghohen Priester oder einer spirituell hochstehenden Person erwartet, dass er oder sie ein besonders enthaltsamer Mensch ist und die natürlichen Triebe seines Körpers vollkommen unterdrückt. Nicht nur im Buddhismus, in allen großen Weltreligionen wird ein »asketisches« Leben sehr hoch eingestuft und geschätzt.

Ohne Zweifel ist ein klares und einfaches Leben etwas sehr Schönes, aber wenn die Anhänger der Askese das Wirken und die Kraft des Leibes unterdrücken und sie nicht nur bei sich selbst, sondern generell auch bei anderen Menschen als etwas Unreines und Schmutziges verleumden und schmähen, dann ist dies ein großer Fehler. Ist unser Körper denn wirklich etwas, was wir so sehr verachten müssen? Und sind unsere geistigen Aktivitäten etwas, was wir so ungeheuer hoch achten müssen? Müssen wir überhaupt eine Trennung zwischen den beiden vornehmen und das eine als überlegen und das andere als minderwertig einstufen?

Die Auffassung, dass wir früher Steine oder fließende Lava waren, überrascht und schockiert sicher immer noch einige Menschen. wenn sich auch heute weitgehend die Anschauung durchgesetzt hat, dass sich die Basis dessen, was wir organisches Leben nennen, abhängig von entsprechenden Bedingungen aus dem sogenannten Unorganischen entwickelt hat – eine Entwicklung, die zur Existenz der Lebewesen und heutigen Form des Menschen führte. Diese Entwicklung begann nicht erst mit der Entstehung der Erde, sondern war bereits lange vorher in Gang. Ist es dann aber nicht natürlich und selbstverständlich, dass das, was wir jetzt als Körper und Geist unterscheiden, schon zu einem Zeitpunkt *war,* als es noch Staub im Weltall war? Man kann sagen, dass es sich zu diesem Zeitpunkt in einem Schlafzustand befand – aber das, was zu einer bestimmten Zeit leblos und unveränderlich erscheint, trägt in sich das Große Leben an sich, den fortwährenden Wandel.

Wenn ihr das versteht, dann werdet ihr auch verstehen, dass unser Körper unendliche Erfahrungen und unendliche Zeiten durchlebt hat. Im Prozess dieser Entwicklung gab es absolut keine »Wahl«, gab es keine Trennung zwischen schwierig und leicht, man kann sie nur als das äußerst natürliche Wirken des »Lebens« bezeichnen. In unserem Körper wohnt seit unendlich langer Zeit – von der Zeit an, da er sich noch im Zustand kosmischen Staubs befand, bis zum heutigen Tag – eine Weisheit, die auf einem unbegrenzten Erfahrungsschatz beruht. Diese Weisheit wird im Buddhismus »Große Weisheit« (jap. *Makahannya)* genannt und ist das, was uns allen eingeboren ist und mit dem alles von Anfang an ausgerüstet ist. Das, was ohne unser Zutun, ohne dass wir darüber nachdenken müssten, natürlich wirkt, sich als Erscheinung offenbart und sich fortpflanzt, nennen wir organisches Leben.

Aber lasst mich hinzufügen: Die Kraft, die sich, unser eigenes Selbst transzendierend, selbst bewahrt, das, was unsere eigene Individualität bewahrend, gleichzeitig im

Wandel zum Vorschein kommt – das möchte ich »Leben« nennen. Zum Beispiel ist eine wahre, lebendige Tradition nicht lediglich eine überlieferte Form, sondern sie ist das Wirken der Kraft, die, während sie sich innerhalb eines gegebenen Rahmens befindet, diesen zu überschreiten sucht. Diese Kraft, das Leben, ist so beschaffen, dass sie, während sie innerhalb eines bestimmten Rahmens ganz bestimmter Bräuche, einer besonderen Geschichte und verschiedener Ausdrucksweisen wirkt, gleichzeitig diesen Rahmen zu überschreiten sucht. Die Kraft, die Zen oder Buddha-Dharma genannt werden kann, ist die Kraft, die allem von Anfang an innewohnt. Abhängig von dieser Kraft entsteht aus »Leblosem« Lebendiges. Das seit unendlich langer Zeit sich fortwährend wandelnde Wirken des Lebens ist Weisheit, eine sehr ausgereifte Weisheit.

Wenn ein physischer Körper geboren wird, dann wird er von Eltern mit einer zwanzig- oder dreißigjährigen Weisheit erzogen, einer Weisheit, die von der menschlichen Gesellschaft künstlich erzeugt wurde. Im natürlichen Zustand schläft, isst und bewegt sich ein Baby in einer ichlosen Natürlichkeit, die das Wirken der Großen Weisheit ist. Durch eine anhaltende Konditionierung von Seiten der Eltern, der Umwelt und der Gesellschaft mit ihren Normen und Regeln, was akzeptabel ist und was nicht, entwickelt sich oft eine tiefsitzende und fortwährende Verwirrung die dazu führt, das Wirken des eigenen Körpers als unsozial oder schlecht zu interpretieren. Das Wirken der ursprünglichen Weisheit wird aus den Augen verloren - nicht durch körperliche Bedürfnisse sondern durch ein Anhaften an begrifflichem Denken.

Weil Menschen kein Vertrauen in ihren Körper haben, gibt es Asketen, die im falschen Sinne asketisch sind. Sie verachten nicht nur den Leib, sondern schätzen darüber hinaus auch ihre Psyche nicht, denn das, was sie als Psyche im Gegensatz zum Leib definieren, ist nichts anderes als das Bewusstsein, um dessen Grenzen sie instinktiv wissen. Aber wenn Menschen sich selbst weder in körperlicher noch in geistiger Hinsicht vertrauen, auf was sollen sie dann überhaupt noch vertrauen? Sie suchen deshalb außerhalb ihrer selbst nach einem Erlöser, einem Gott, einem Buddha.

Die Wahrheit unserer selbst liegt nicht in dem, was unser Verstand als Körper und Geist unterscheidet. Das, was Buddha-Wesen oder ursprünglicher Geist genannt wird, kann nicht in Leib und Psyche aufgeteilt werden. Es ist vielmehr die unendliche Weisheit, das unendliche Leben an sich. Diese Weisheit erscheint nur »hier und in diesem Augenblick« und ausschließlich in der Harmonie mit allen Dingen, im Verschmelzen mit jedem einzelnen Moment. Das Wirken der Weisheit ist eine Fortsetzung solcher einzigartiger Augenblicke.

Gegenüber den Sechs Arten des Staubs keinen Widerwillen hegen

Es ist nicht gerechtfertigt, die Weisheit, die selbst in einem Stein oder im kosmischen Staub vorhanden ist, Begierde zu nennen, wenn sie in einem fleischlichen Körper wirkt, und fälschlicherweise anzunehmen, dass religiöse Übung in ihrer Unterdrückung bestünde. Die Sechs Arten des Staubs sind das ursprüngliche Wirken des Geistes, und Sōsan sagt uns, dass wir ihnen vertrauen sollen. Menschen, die ihren Körper und ihre geistigen Aktivitäten für etwas Unreines halten und die mit dem Verstand nach einem Erlöser, einem Gott oder Buddha suchen, werden ihn, selbst wenn er unmittelbar vor ihren Augen auftaucht, nicht erkennen, weil sie in der Ferne suchen. Sie bemerken nicht den Erlöser des »Hier und Jetzt«, sondern sehen nur Vergangenheit und Zukunft.

Obwohl der Erlöser in jedem Augenblick in ihnen selbst wirkt, können die meisten Menschen seiner nicht teilhaftig werden, weil sie keine Anstrengungen unternehmen, ihn zu erkennen. Das war in der langen Geschichte der Menschheit so und wird vielleicht auch in Zukunft so sein. Deshalb sind die Menschen dauernd unzufrieden und auf der Suche. Aber woher kommt dieses unbefriedigte Verlangen, dieser dauernde Hunger? Entstehen sie nicht daraus, dass man die Dinge nur halbherzig macht, dass man das, was einem begegnet, nicht direkt und frontal aufnimmt, dass in allem, was man tut, ein Rest von Bedauern, etwas Unerfülltes zurückbleibt? Entscheidend ist nicht, wie viele Dinge man macht, sondern die Intensität, mit der man etwas tut. Das Entscheidende ist, ob etwas direkt und ohne Zwischenraum zwischen einem selbst und anderem empfangen wird.

> Der Höchste Weg
> ist nicht schwierig,
> nur ohne Wahl.

Ohne Wahl, das heißt ohne ein Ich, das Unterscheidungen und Trennungen zwischen sich selbst und anderen vornimmt, das das eine bevorzugt und das andere ignoriert. Es bedeutet Nicht-Geist, klare, vollkommene Aufmerksamkeit, mit der alles ohne Vorlieben und Abneigungen empfangen wird – ohne sich willentlich anzustrengen. Nur dann werden das unbefriedigte Verlangen, der dauernde Hunger vergehen.

Verschwenderische Menschen kann man zum Beispiel die nennen, die, in den eigenen Vorstellungen verfangen, nicht in der Lage sind, tatsächlich zu erkennen, was ist, sondern die in der Pseudorealität ihrer eigenen Gedanken leben. Sie wissen nicht, was Erfülltheit bedeutet, und rennen deshalb fortwährend verschiedenen Dingen nach, die sie, selbst wenn sie sie erreichen, nicht einmal vollkommen ausschöpfen können und deshalb gleich nach dem nächsten verlangen. Im Zen wird von daher wieder und wieder die Wichtigkeit des »Hier und Jetzt« betont. Die Erfülltheit des »Hier und Jetzt an diesem Ort«, das Wirken unserer ursprünglichen Weisheit, die nichts mit diskursivem Denken zu tun hat, die nicht trennt zwischen Leib und Geist, sondern alles in seiner Soheit erkennt.

Ich sage nicht, dass ihr aufhören solltet zu denken, sondern dass ihr aufhören solltet, in einem Zustand der Verwirrung, in einem Zustand, in dem das eigene kleine Ich im Mittelpunkt steht, über Dinge nachzudenken. Weil ihr versucht, eure Unerfülltheit innerhalb eines verwirrten und verwickelten Geisteszustandes zu befriedigen, läuft das immer darauf hinaus, dass es etwas gibt, was ihr bevorzugt, und etwas, was ihr zunichtemachen wollt. Wenn jedoch keinerlei Widerwillen gegen die Sechs Arten des Staubs besteht – wenn überhaupt nichts abgelehnt wird und es auch nichts gibt, was man erreichen möchte –, wenn die Soheit der eigenen Existenz mit der Soheit alles Seienden verschmilzt, dann ist das vollkommene Erleuchtung.

Meister Hyakujō Ekai (chin. Pai-chang Huai-hai, 720–814), von dem auch die berühmten Worte »Ein Tag ohne Arbeit ist ein Tag ohne Essen« stammen, wurde einmal von einem Mönch gefragt: »Was gibt es Außerordentliches?« Hyakujō antwortete: »Hier allein auf dem Gipfel des Dai-Yūhō-Berges (chin. Ta Hsi-ung) zu sitzen.«

Hier und jetzt, in diesem Moment, sitzt ihr auf dem Gipfel des Dai-Yūhō-Berges. Ob reich oder arm, freundlich oder ärgerlich – dort, wo du jetzt bist, sitzt diese Gestalt, so wie sie jetzt ist, auf dem Gipfel des Dai Yūhō. Wenn ihr das, was euch jetzt gegeben ist, so wie es ist, ohne etwas ändern zu wollen, ohne es zu kritisieren, in euch aufnehmen könnt und davon erfüllt seid, dann hört die Verwirrung mit einem Mal auf. Deshalb sagt Meister Sōsan: »Hege keinen Widerwillen gegen die Sechs Arten des Staubs.« In anderen Worten – vertraue der Weisheit, die hier und jetzt in Harmonie mit den Dingen erstrahlt!

Wenn gegen das ursprüngliche Handeln der Menschen keine Abneigung besteht, ist gerade das die wahre Erleuchtung. Aber natürliches Handeln, das Wirken des »natürlichen« Geistes, das physische und psychische Wirken des Lebens an sich, darf nicht mit gewohnheitsmäßigem Handeln verwechselt werden. Ihr haltet eure Gewohnheiten oft für ein natürliches Wirken und vergesst, dass es sich dabei um etwas handelt, was sich erst entwickelt hat, nachdem ihr geboren wurdet. Eine Gewohnheit ist nur ein paar Jahrzehnte alt, das ursprüngliche Leben jedoch ist seit unendlich langer Zeit in Harmonie mit allem anderen und transzendiert und erneuert sich stets.

Das, worauf unsere Gewohnheiten basieren, ist nur ein paar Jahre alt, und schon neigen wir dazu, sie mit Natürlichkeit zu verwechseln. Wenn ihr glaubt, euer Handeln sei natürlich, nur weil ihr nirgends auf Widerstand stoßt, so ist dies nicht unbedingt zutreffend. Besonders in einer Gesellschaft, in der Dinge wie Subjektivität, Individualität oder persönliche Freiheit sehr wichtig genommen werden, ist es umso notwendiger zu ergründen, was wirkliche Subjektivität, wahre Individualität und Freiheit eigentlich sind. Ihr dürft euch auf keinen Fall von den Gewohnheiten, die sich in ein paar Jahrzehnten in einer begrenzten Gesellschaft gebildet haben, fesseln lassen und sie mit dem seit unendlicher Zeit natürlich wirkenden Leben verwechseln.

Die meisten Menschen wissen unbewusst um diese Verwirrung und fühlen deshalb, während sie einerseits die Absicht haben, natürlich und frei zu leben, eine gewisse Angst und Unruhe. In den Worten »Gegenüber den Sechs Arten des Staubs keinen Widerwillen hegen« liegt deshalb eine Gefahr; es ist wie ein Balanceakt auf Messers Schneide. Lest und versteht deshalb diesen Vers nicht leichtfertig und oberflächlich, denn Eigensinn ist etwas ganz anderes als Natürlichkeit.

Das Selbst,
geboren im unendlichen Leben –
wenn es entfaltet wird,
ist das der Höchste Weg.

智者無為
愚人自縛

Der Weise tut nicht,
ein Dummkopf fesselt sich selbst.

Das Nicht-Tun eines Weisen ist nicht einfach nur ein Nichts-Tun; es ist vielmehr seine Weise, ganz natürlich dem zu entsprechen und zu folgen, was ihn umgibt. Das Gegenteil von Nicht-Tun ist der Versuch, dem, was man sich mit seinem kleinen begrenzten Verstand ausgemalt hat, zu entsprechen und es verwirklichen zu wollen. Keine Pläne zu schmieden, keinen Entwurf zu zeichnen, keine Absicht und kein Ziel zu haben, das man unter allen Umständen erreichen will – das ist Nicht-Tun.

Der Höchste Weg
ist nicht schwierig,
nur ohne Wahl.

Eine Absicht, die wir hegen, ein Ziel, das wir uns setzen – solche Dinge befinden sich immer außerhalb unserer selbst, und wollen wir sie erreichen, treten ganz bestimmt Dinge auf, die entweder leicht oder schwierig sind. Aber das Hier und Jetzt verwirklichen – da gibt es keine Entfernung, keinen Weg. Das, was man bereits besitzt, so wie es ist, auskosten – da gibt es keine Distanz, da gibt es weder leicht noch schwierig. Wenn ihr jedoch den Geisteszustand des Annehmens des »Hier und Jetzt« aus den Augen verloren habt, dann versteht ihr nicht einmal, wenn das, was ihr selbst als Ziel festgelegt habt, vor euren Augen auftaucht, weil ihr ausschließlich von dem Gedanken an euer Ziel gefesselt und in Anspruch genommen seid.

Jemand, der
zur ursprünglichen Wahrheit
erwacht ist,
ist natürlich;
ein Dummkopf erzeugt etwas
und fesselt sich selbst.

法無異法
妄自愛著

Im Dharma gibt es
keine Unterschiede;
willkürlich haftest du selbst
an den Dingen.

Im Buddhismus wird der Begriff Dharma sowohl im Sinne von »ursprüngliche Wahrheit« als auch in der Bedeutung von »Erscheinung« verwendet, da sich die ursprüngliche, formlose Wahrheit (Leere) durch die Erscheinungen manifestiert.

Im Dharma gibt es
keine Unterschiede

Wenn ihr aus den Augen verloren habt, dass die Erscheinungen mit ihren verschiedenen Formen, Farben und Eigenschaften jeweils eine Offenbarung der ursprünglichen Wahrheit, der Einen Leere sind, dann prägt euch diese Zeile gut ein. Das Wahre ist »Hier und Jetzt« und bereits vollkommen in uns selbst vorhanden – außer dem gibt es nichts.

willkürlich haftest du selbst
an den Dingen.

Haften erzeugt notwendigerweise ein Ablehnen – beides bedingt sich gegenseitig. Ohne das eine, könnte das andere nicht existieren. Und das, was zwischen diesen beiden steht, ist unser Geist, der Unterscheidungen vornimmt, der uns anhält, Teile aus dem Ganzen herauszupicken, zu wählen und eine Entscheidung entweder für das eine oder das andere zu treffen. Aufgrund dieser eigenmächtigen Urteile haftet ihr an diesem und lehnt jenes ab, seid ewig unzufrieden und wartet auf Erlösung. Und obwohl es nicht so ist, als ob es keine Erlösung gäbe, werdet ihr ihrer doch nicht teilhaftig, weil ihr sie ignoriert, während ihr auf sie wartet.

In allen Erscheinungen
gibt es nichts Besonderes –
eigenmächtig triffst du
Unterscheidungen und haftest daran.

将心用心
豈非大錯

Mit dem Geist
den Geist anwenden –
ist das nicht
ein großer Fehler?

Das Wort »Geist« hat wie die Begriffe »Wesen« oder »Dharma« verschiedene Bedeutungsebenen. Eine ist die der grundlegenden Wahrheit an sich, die zweite weist auf das Wirken hin, das diese Wahrheit zum Ausdruck bringt. Aber auch die mentale Tätigkeit, die auf einem Ich beruht, das diesen frei wirkenden Geist aus den Augen verloren hat und gemäß einem verhärteten Klumpen aus Erfahrungen und Kenntnissen handelt und denkt, wird Geist genannt. Solch ein Geist, der die Grundlage für Liebe und Abneigung ist, wird in der ersten Zeile dieses Verses angesprochen.

»Buddha-Geist«, ein Begriff, der sich als Abgrenzung gegen diesen »Ich-Geist« gebildet hat, bedeutet deshalb nicht ein »guter« Geist oder ein »richtiger« Geist im Sinne der von uns geschaffenen Unterscheidungen von Gut und Schlecht, Richtig und Falsch, sondern meint das angemessene Wirken der ursprünglichen Wahrheit in allem, was existiert. Von diesem »Buddha-Geist« ist in der zweiten

Zeile die Rede. Was bedeutet es also, mit dem (Ich-)Geist den (Buddha-)Geist anzuwenden?

Es bedeutet, dass wir den natürlichen, ursprünglichen Geist durch willkürliche Gedanken in Verwirrung bringen. Die Patriarchen nannten diese Verwirrung *Mumyō* (jap. für Unwissenheit oder Nicht-Erkenntnis, Verblendung). Denkt deshalb nicht, dass ihr durch eine Übung, die auf Willensanstrengung beruht, also durch die Anwendung des Ich-Geistes, den Buddha-Geist verwirklichen und zur Erleuchtung gelangen könntet.

> Mit willkürlichen Gedanken wird der
> ursprüngliche Geist verbogen;
> dass dies zu einem großen Irrtum führt
> ist selbstverständlich.

迷生寂乱
悟無好悪

Irrtum erzeugt
Ruhe und Chaos;
Erleuchtung ist ohne
Zuneigung und Abneigung.

一切二辺
浪自斟酌

Alle dualistischen Anschauungen
beruhen auf willkürlichen
eigenen Erwägungen.

Laut sein, wenn es Zeit ist, laut zu sein; ruhig sein in Zeiten der Ruhe – wir brauchen keine Unterscheidungen zu treffen und Urteile zu fällen, so wenig, wie es nötig ist, sich den ganzen Kopf abzuhacken, nur weil es müßig ist, sich Vernünfteleien auszudenken. Bei der Arbeit die Arbeit, im Spiel das Spiel direkt und vollständig zu durchdringen, darin liegt das wunderbare Wirken der Weisheit. Ruhe und Chaos – das heißt nichts anderes, als das eigene Wesen aus den Augen zu verlieren.

Erleuchtung ist ohne
Zuneigung und Abneigung.

Zuneigung gehört, genauso wie Abneigung, zum Ich, das sich selbst in den Mittelpunkt stellt und davon ausgehend Trennungen vornimmt und urteilt. Aber Erleuchtung ist Nicht-Geist, das heißt, man selbst ist nicht vorhanden und mit dem ganzen Universum verschmolzen, ohne Ausnahmen, ohne ein Bevorzugen oder Zurückweisen. Das direkte und sofortige Verschmelzen mit dem »Hier und Jetzt« – das ist ein Glück, das keine Ursachen hat und das von niemandem zunichtegemacht werden kann. Wenn ihr das verstehen wollt, müsst ihr aufhören, Ansichten zu hegen, die sich im Bezugsrahmen von Gegensätzen befinden.

> Alle dualistischen Anschauungen
> beruhen auf willkürlichen
> eigenen Erwägungen.

Alles, was durch Form in Erscheinung tritt, aber auch Handlungen, Worte und Gedanken, alles hat zwei Seiten – groß oder klein, kurz oder lang, weit oder eng, Liebe oder Hass. Aber es ist nicht diese Tatsache, die Sōsan meint, wenn er von »Wahl« spricht.

Wenn zum Beispiel ein Hund sich den Magen verdorben hat, dann frisst er anstelle seines gewöhnlichen Futters Gras. Zusammen mit dem Gras erbricht er dann den verdorbenen Mageninhalt. Auch Kinder essen, wenn sie krank sind, bestimmte Dinge nicht mehr. Ärztliche Untersuchungen haben ergeben, dass die Kinder genau die

Nahrungsmittel zurückwiesen, die Stoffe enthielten, welche für sie zu dieser Zeit schädlich waren.

Hunde und Kinder bewerkstelligen dieses angemessene Verhalten mit einem nicht-unterscheidenden Geist – sie stellen keine Richtlinien auf, denen sie dann in ihrem Verhalten folgen. Es gibt Dinge, die sie ganz natürlich in gesundem Zustand essen, und solche, die sie nicht essen, und genauso natürlich bevorzugen sie gewisse Nahrungsmittel oder lehnen sie ab, wenn sie krank sind. Es ist nicht dieser natürliche Vorgang, den Sōsan »Wahl« nennt.

Im Leben der Menschen, in ihren Handlungen, Worten und Gedanken gibt es von Moment zu Moment entweder Rechts oder Links, Liebe oder Abneigung, Yin oder Yang – beides kann nicht gleichzeitig existieren. Aber nur wenn der jeweilige Zustand nicht bewertet wird, ist die jeweilige Handlung, das jeweilige Wort oder der momentane Gedanke nicht dualistisch, sondern absolut.

Es gibt die Zeit, zu der eine Rose in Blüte steht, eine Zeit, zu der nur ihr grünes Blattwerk leuchtet, und die Zeit, in der sie verblüht ist. Dem jeweiligen Zustand einen Wert beizumessen ist eine Angewohnheit der Menschen – die Rose aber drückt ihre jeweilige Realität immer und an jedem Ort vollkommen aus; dies bezeichnet Sōsan als »ohne Liebe und ohne Hass« oder als »ohne Wahl«.

> Verlierst du den natürlichen Geist aus den Augen,
> dann werden Ruhe und Bewegung

zum Problem;
mit der wahren Einsicht
gibt es nichts zu bevorzugen
oder zu ignorieren.
Alle dualistischen Werte entspringen
deinen selbst- und eigenmächtig
erzeugten Maßstäben.

夢幻虛華
何勞把捉

Ein flüchtiger Traum,
ein Augenflimmern –
warum sich erschöpfen
in dem Versuch,
diese zu erfassen.

得失是非
一時放却

Erlangen, verlieren,
richtig, falsch –
lass all das
mit einem Mal fahren.

Die ursprüngliche Wahrheit offenbart sich von Moment zu Moment in einer Wirklichkeit, die jedoch im gleichen

Moment, da sie erscheint, schon wieder vergeht, ohne irgendwelche Spuren zu hinterlassen – wie ein Traum. Warum sollte man sich vergeblich abmühen, ihn zu erfassen? Erscheinungen, Übung, Erleuchtung – das sind sich bewegende Wellen. Versucht ihr, die Welle eines Augenblicks festzuhalten und sie im Geist zu fixieren, dann wird gerade diese Welle zu einem Gefängnis, und es wird euch niemals gelingen, die Welle der Wahrheit zu erblicken. Könnt ihr zum Beispiel die Form der Liebe bestimmen und festlegen? Obwohl Liebe an sich eins ist, sind die Formen, in denen sie sich ausdrückt, ein kaleidoskopischer Wechsel. Wenn ihr deshalb versucht, eine feste Form der Liebe zu ergreifen und zu bewahren, dann ist genau dies ihr Tod.

> Erlangen, verlieren,
> richtig, falsch –
> lass all das
> mit einem Mal fahren.

Erwägungen, ob man selbst erleuchtet oder erlöst ist, ob man selbst glücklich ist oder nicht, sind nutzlos. Wichtig ist nur, den jetzigen Moment, das »Hier und Jetzt«, in seiner Soheit anzunehmen.

Das Gedicht Sōsans ist wirklich wunderbar. Ich bezeichne es als wunderbar, aber bleibt nicht einfach dabei stehen, sondern versucht selbst, den Sinn gründlich zu durchdringen, und richtet euer Augenmerk besonders auf das »Hier und Jetzt«, die Grundlage der Zen-Übung. Denn nur wenn ihr das »Hier und Jetzt«, an diesem Ort und sofort, verwirklicht, steht ihr der Erlösung unmittelbar gegenüber; an anderen Orten und zu anderer Zeit gibt es keine Erlösung und kein Glück. Lasst deshalb alle Verwirrung und Verblendung sofort und mit einem Mal los.

Wie schon mehrmals betont, nützt es überhaupt nichts, die Übung mit Willensanstrengung zu betreiben. Willensanstrengung beinhaltet das Einteilen und Beurteilen nach Gut und Schlecht, Richtig und Falsch, anhand von Erfahrungen und Kenntnissen. Das Schlechte auslöschen und das Gute verwirklichen wollen – solch eine Übungsweise lehnt Sōsan ab, denn wenn man willentlich etwas erlangt oder zunichte macht, dann wird dabei immer etwas übrigbleiben, was noch nicht erreicht oder vernichtet wurde, und das selbst ausgedachte Ziel bleibt ewig unerreicht. Übung hat nichts mit Willenskraft zu tun!

lass all das
mit einem Mal fahren

– nicht etwa durch den Willen, sondern durch das natürliche Sein im »Hier und Jetzt«. Es genügt vollkommen, nur in diesem Augenblick ganz und gar natürlich zu sein.

Wie ein Traum,
wie ein Trugbild –
warum quälst du dich
in dem Versuch, sie zu erfassen.

Verwirf nur
deinen eigenen, willkürlichen Maßstab
mit einem Mal.

眼若不睡
諸夢自除

Wenn das Auge nicht schläft,
vergehen die verschiedenen Träume
von selbst.

Auf den ersten Blick scheint hier die Rede von der Art Traum zu sein, die wir nachts im Schlaf haben. Aber es sind nicht die Träume, die wir im Schlaf mit geschlossenen Augen sehen, die uns all unsere verschiedenen Probleme und Schwierigkeiten bereiten. Was uns wirklich zu schaffen macht, ist der Traum, den wir im »normalen« Wachbewusstsein mit geöffneten Augen träumen. Es gibt einen bekannten Ausspruch von Omiya Shōzō über die Ehe: »Sie fängt mit einem wunderbaren Missverständnis an und führt zu einem enttäuschten Verstehen.«

Gleich, ob es sich um eine Liebesheirat oder um eine arrangierte Heirat handelt, die meisten Menschen hegen dabei einen Traum. Dieser Traum ist, wenn man genau hinschaut, meistens eine Projektion der eigenen Interessen und Anliegen. Deshalb entwickelt sich in vielen Fällen eine Weile nach der Heirat – sobald die Flitterwochen vorbei sind – ein enttäuschtes Verstehen, der Traum ist geplatzt und die Wunschvorstellungen weichen der Wirklichkeit. Wenn die beiden Menschen dann nicht aufgeben, sondern dies überschreiten, wird ein Zusammenleben möglich, das jenseits von wunderbarem Missverständnis und enttäuschtem Verstehen ist – ein friedliches und zärtliches Leben voller gegenseitiger Anteilnahme. Das passiert natürlich nicht nur zwischen zwei Menschen, sondern genauso in der Übung, ja, überall im Alltagsleben.

Besonders in jungen Jahren tendieren viele Menschen dazu, zuallererst eine Vorstellung von dem, was sie ab jetzt tun oder erreichen wollen, oder von der Art, wie sie denken und fühlen wollen, zu entwickeln. Das ist, als ob ein Spiegel die Dinge, die vor ihm sind, nicht in ihrer Soheit widerspiegelte, sondern als hätte man zuerst das Bild, das man gern sehen möchte, auf die eigene Spiegelfläche gemalt und hält dies dann für die Realität. Für kurze Zeit kann man an solch einem Bild festhalten; manchmal ist es ein »wunderbares«

Missverständnis, manchmal aber auch eines, das nicht so wunderbar ist – Gedanken wie »Menschen kann man sowieso nicht vertrauen« oder »Im Leben gibt es keine Hoffnung« und so weiter. Über kurz oder lang jedoch zeigt sich die Realität, ob man will oder nicht, im eigenen Spiegel.

Das ist unumgänglich, weil das, was in uns existiert, ursprünglich keine Leinwand ist, auf die man malen kann, was man will, sondern eher ein Spiegel – ein Spiegel ohne Glas, das zerbrechen kann. Dies wird Buddha-Natur genannt. Leider neigen Menschen dazu, im gleichen Moment, in dem die jeweilige Realität im Spiegel reflektiert wird, als Reaktion darauf diese widergespiegelte Wahrheit in einen Schleier zu hüllen. Diejenigen, die bis jetzt in einem wunderbaren Missverständnis gefangen waren, greifen zu einem Schleier des enttäuschten Verstehens, und diejenigen, die bis jetzt innerhalb negativer Vorstellungen lebten, hängen der Realität oft einen rosaroten Schleier um. Während wir alle mit der Buddha-Natur ausgestattet sind, welche die Realität in ihrer Soheit reflektiert, behängen wir diese Realität entweder mit einem Schleier des Wunderbaren oder des Enttäuschenden. Diesen Schleier nennt Sōsan Traum oder Wahl oder Liebe und Hass.

Ein Zen-Meister ist jemand, der dem Schüler diesen Schleier entreißt, und die vortrefflichsten Meister waren immer diejenigen, die den Traum des Schülers vollkommen zerschlagen konnten. Aber es gibt eben auch Menschen, die nicht einmal merken, wenn ihnen ihr Traum in Stücke geschlagen wird, und die deswegen sagen, diese Zen-Dialoge seien etwas Unverständliches. Außerdem gibt es Fälle, in denen ein Meister zwar den Traum des Schülers zerschlagen möchte, der Schüler jedoch noch nicht in der dafür notwendigen Verfassung ist.

Einmal wurde Meister Baso (chin. Ma-tsu Tao-i, 709–788) gefragt: »Wer ist es, der die Zehntausend Erscheinungen überschreitet?« Baso antwortete: »Wenn du das Wasser des Seiko-Flusses mit einem Schluck ausgetrunken hast, werde ich dir antworten.«

Meister Baso sagt, dass er dem Fragenden eine Antwort geben will, sobald dieser das Meer seiner Verwirrungen und Verblendungen erschöpft hat, wohlwissend, dass dann keine Notwendigkeit mehr für eine Antwort besteht, weil der andere es in dem Augenblick, in dem der Schleier nicht mehr vorhanden ist, klar selbst erkennen wird.

Wenn das Auge nicht schläft

Mit unseren physischen Augen betrachten wir alles stets innerhalb von Gegensätzen, immer zwischen uns selbst und anderen unterscheidend. Wenn wir versuchen, innerhalb dieser Gegensätze Glück und Zufriedenheit zu erlangen, dann malen wir nur willkürliche Bilder auf unseren Spiegel, Bilder, mit denen wir unser Ich stärken und projizieren.

Meister Rinzai sagte: »Solange man nach etwas verlangt, ist es Leiden.« Das bedeutet natürlich nicht, dass man keine

Hoffnungen mehr hat, dass einem alles egal wird, sondern dass man aufhört, sich Bilder auszumalen, die man dann für real hält. Denn diese Bilder, diese Träume, werden ganz bestimmt irgendwann zerbrechen, und es entsteht der Zustand, der als Leiden bezeichnet wird.

> Wenn der ursprüngliche Geist
> natürlich wirkt, ist alles
> Wahrheit.

心若不異
万法一如

Wenn der Geist
keine Unterscheidungen trifft,
sind die Zehntausend Erscheinungen
Wie-Eins.

«Wie-Eins» (jap. *ichinyo*) bedeutet, dass Ursprung und Erscheinung Zwei sind, aber nicht verschieden. »Nicht-Zwei« (jap. funi) besagt, dass sie ursprünglich Eins sind, aber als Erscheinung Zwei. *Während* es zwischen den Erscheinungen Unterschiede gibt, sind sie gleich. *Während* sie gleich sind, sind sie verschieden. Diese sogenannte letztendliche Wahrheit wird im Mahāyāna-Buddhismus die »Lehre von Nicht-Zwei« (jap. *funi no homon*) genannt.

Wenn der Geist
keine Unterscheidungen trifft

Das bedeutet, dass man aufhört, Projektionen des eigenen Selbst in sein Herz zu malen, während man sich darüber beschwert, dass die anderen nicht offen genug sind oder zu egoistisch, kurzum belastet mit ihren eigenen Bildern und Träumen. Eins werden bedeutet deshalb nicht, dass man den anderen Menschen zu Nicht-Geist macht, sondern dass man selbst Nicht-Geist wird. Es geht nicht um ein Ändern oder Auslöschen des anderen, sondern um das Verschwinden des eigenen Ich.

Wenn der Geist
keine Unterscheidungen trifft

Lasst uns noch etwas darüber nachdenken, indem wir unser alltägliches Leben betrachten. Ich habe bereits davon gesprochen, dass die meisten Menschen ständig von einem Gefühl der Unzufriedenheit und Unausgefülltheit geplagt sind. Liebe ist ein Empfangen, ein Berühren und Berührtwerden im Zustand der Versunkenheit, in dem Zustand, in dem man selbst nicht mehr vorhanden ist, in dem der Geist keine Unterscheidungen fällt. Immer und überall erfüllt und vollendet sein – das ist Liebe. In diesem Sinne leidet die heutige Gesellschaft an einem großen Liebesmangel. Dass Kinder, die in Wohlstand und Luxus aufgewachsen sind, immer mehr und immer Neues wollen, liegt an einem Mangel an Liebe. Und dies ist nicht nur eine Frage des Maßes an Liebe, das ihnen gegeben wird; ein grundsätzlicheres Problem ist die Frage, inwieweit sie vorbereitet und in der Lage sind, die Liebe, die ihnen entgegengebracht wird, in sich aufzunehmen.

> Wenn der Geist
> keine Unterscheidungen trifft,
> sind die Zehntausend Erscheinungen
> Wie-Eins.

Mit unseren physischen Augen sehen wir Bäume, Gräser, Männer und Frauen – all die verschiedenen Dinge, denen wir Namen geben, deren jeweilige Eigenschaften wir uns merken und so nur ihre Verschiedenheit erkennen. Aber wenn wir das Auge unseres Geistes öffnen, dann werden wir sehen, dass das, was diesen Erscheinungen zugrunde liegt, Eins ist.

Ihr alle wisst, zumindest verstandesmäßig, dass »Wahrheit« die Gleichheit aller Dinge bedeutet. Wahrheit ist in allem gleichermaßen vorhanden, durchdringt alles gleichermaßen. Diese Wahrheit ohnegleichen offenbart sich in den verschiedenen Erscheinungen. Aber wir lassen uns von der Verschiedenheit dieser Erscheinungen irreführen und erzeugen inmitten ihrer Gegensätze einen Traum. Wenn wir deshalb unsere Augen öffnen und die Erscheinungen, die Offenbarung der Wahrheit an sich, in ihrer Soheit in uns aufnehmen, sie wie ein Spiegel reflektieren, dann werden wir gewahr, dass sie lediglich die Erscheinung eines Einzigen in seiner Soheit sind. Versucht ihr, dies durch Intellekt und Verstand zu erfassen, dann werdet ihr ewig nicht zur Ruhe kommen. In einem Spiegel könnt ihr zwar eure eigenen Augen sehen, aber es ist unmöglich, die eigenen Augen mit den eigenen Augen zu betrachten. Deshalb heißt es in einem alten Spruch: »Ein Schwert kann das Schwert nicht schneiden.«

Was ihr durch Intellekt und Sinne erfassen könnt, hat Grenzen; deshalb wird die Wahrheit in den alten Schriften als »unfassbar« bezeichnet. Das Erleben der grundlegenden Wahrheit von »die Zehntausend Erscheinungen sind Wie-Eins« bedeutet deshalb nicht, dass ihr euch dieser Einheit »bewusst« werdet, sondern dass ihr euer Selbst entleert – es ist das Zurückkehren des ursprünglich leeren Selbst zum ursprünglichen Leeren. Es gibt nur diese Wirklichkeit – das Erscheinen dieser Wirklichkeit wird Erleuchtung genannt.

> Wenn der Geist natürlich wirkt,
> gibt es keine Gegensätze.

一如体玄
兀爾忘縁

Wie-Eins an sich
ist unergründlich,
unverrückbar und frei
von Verwicklungen.

Wie ich schon beim Vers über die »Sechs Arten des Staubs« erklärt habe, stehen wir selbst und die uns jeweils umgebenden Objekte von Moment zu Moment in einer harmonischen Wechselbeziehung. Dieser Moment vergeht, und der nächste harmonische Moment erscheint. Aber aufgrund der Gewohnheiten, die wir nach unserer Geburt angenommen haben, neigen wir dazu, das Objekt dieses Augenblicks mit in den nächsten Augenblick hinüber zu ziehen und es so zu »Staub« zu machen, zu einer den Geist trübenden Verwicklung.

Ein Spiegel reflektiert das, was vor ihm auftaucht, von Moment zu Moment bis ins kleinste Detail. Taucht dann als Nächstes etwas anderes auf, so bleibt keine Spur des Vorhergegangenen im Spiegel zurück, und das Neue wird ungetrübt reflektiert. Genau dies bedeutet »frei zu sein von Verwicklungen«. Auch mit einem Fotoapparat wird der jetzige Moment bis ins Detail auf dem Film wiedergegeben; bis zu diesem Punkt gleicht dies dem Wirken eines Spiegels. Die widergespiegelte Form vergeht jedoch nicht wieder. Wenn man deshalb auf dem gleichen Film den nächsten Moment und wiederum den nächsten Moment aufnimmt, dann überlagern sich die verschiedenen Bilder, und das Resultat ist Verwirrung. Dies bedeutet »von Objekten (Beziehungen) in Verwirrung gebracht zu werden«.

Wie-Eins an sich
ist unergründlich

Es ist das wunderbare Wirken, in dem Objekte weder ignoriert werden noch an ihnen gehaftet wird. Es ist das ursprüngliche Wirken des Geistes, mit dem ihr alle von Anfang an ausgestattet seid. Wenn ihr Dinge ignoriert, ist das Verblendung, denn eure eigene Existenz ist nur möglich in Harmonie mit den Dingen. Deshalb benutzte der japanische Zen-Meister Dōgen Kigen (1200–1253) nie die Worte »Ich und andere«, sondern sagte »Mein Selbst und das andere Selbst«.

Die Harmonie zwischen diesem eigenen Selbst und dem anderen Selbst wandelt sich mit jedem Moment – denn das ursprüngliche eigene Selbst tanzt in einem erstaunlichen, dynamischen Rhythmus. Deshalb besingen Sōsan und auch viele andere Meister ihren Geisteszustand in einem rhythmischen, wunderbaren Gesang.

Ursprünglicher Geist
ist frei von Gegensätzen,
überschreitet Denken und
Unterscheidung,
ist weit und tief;
unverrückbar wird er
von den verschiedenen Beziehungen
nicht in Verwirrung gebracht.

万法斉観
帰復自然

Betrachtest du die
Zehntausend Erscheinungen gleich,
dann kehrst du zurück
zum Natürlichen.

泯其所以
不可方比

Sind die Ursachen vergangen,
dann gibt es
keine Vergleiche mehr.

Erst in dem Geisteszustand, in dem man selbst wieder zu einem klaren Spiegel geworden ist, werden alle Dinge gleichermaßen reflektiert. Gerade das ist die Rückkehr zur ewigen, ursprünglichen Gestalt des eigenen Selbst. »Gleich betrachten« bedeutet deshalb nicht, dass wir verschiedene Dinge nebeneinander stellen, ihre Unterschiede ignorieren und sie als gleich betrachten, sondern es bedeutet, dass sich das Objekt des jeweiligen Augenblicks als »absolute Existenz« in Harmonie mit uns selbst befindet. Wenn man eine Person trifft und sie dann, während man mit ihr redet, in Gedanken mit einer anderen Person vergleicht, gibt es kein harmonisches Zusammentreffen. Man ist ihr als einem »vergleichbaren Objekt« begegnet und hat damit sogleich auch die eigene Existenz dieses speziellen Augenblicks zerstört.

Obwohl das so ist, hegt ihr dennoch verschiedene Träume, vermischt ihr das, was tatsächlich vor euren Augen vorhanden ist, mit dem, was nicht vorhanden ist, und erzeugt somit Leiden. Sind die Ursachen dafür jedoch vergangen, dann hat sich auch das Gefühl, dass man Vergleiche anstellen und alles in Vorzüge und Nachteile aufteilen möchte, aufgelöst. Sōsan, der dritte Patriarch, sagt das so einfach und klar, aber wenn wir an die Wirklichkeit unseres täglichen Lebens denken, dann sehen wir, was für eine ungeheuer ernste Sache es ist. Lesen wir deshalb in unserer Unreife die Worte der Patriarchen, dann kommt es nicht nur darauf an, die Wahrheit, die in den Worten ausgedrückt wird, zu erfassen, sondern es ist notwendig, sich selbst zu fragen, wo und wie die eigene Lebensweise, verglichen mit dieser Wahrheit, fehlerhaft und mit Irrtümern behaftet ist.

Wir befinden uns meistens in einem Zustand des Vergleichens. Das höchste Leitmotiv unseres Lebens im Rahmen dieses allgegenwärtigen Vergleichens besagt, dass wir uns unsere eigenen Ziele stecken und den eigenen Vorstellungen folgen sollten – und zwar in einer hauptsächlich leistungsorientierten Weise. Dies wird in der heutigen Gesellschaft als das Wichtigste angesehen und bestimmt weitgehend das eigene Leben sowie das unserer Kinder. Auf welche Schule soll man sie schicken, damit sie am schnellsten und meisten lernen? Welches Auto hat die stärkste Beschleunigung und startet am schnellsten, wenn die Ampel auf Grün wechselt? Wenn ihr so denkt, dann gibt es zwischen dem Punkt, wo ihr euch jetzt befindet, und eurem Ziel eine Distanz. Wo es Distanz gibt, da treten unvermeidbar Probleme wie »schnell und langsam«, »schwierig und leicht« auf. Sōsan sagte im ersten Vers:

> Der Höchste Weg
> ist nicht schwierig

Dieser nicht-schwierige Höchste Weg ist der Weg, bei dem das Ziel nicht getrennt ist vom »Hier und Jetzt«. In der Zen-Übung wird deshalb wieder und wieder betont: »Versenke dich in das Hier und Jetzt – nur du, hier, an diesem Ort, in diesem Moment.«

Als der fünfte Patriarch des Zen in China, Gunin (chin. Hung-jen, 601–674) seine Schüler aufforderte, einen Vers zu verfassen, damit er ihren Geisteszustand erkennen und seinen Dharma-Nachfolger bestimmen könne, schrieb der Mönch Jinshu (chin. Shen-hsiu) folgende Zeilen:

> Der Leib,
> das ist der Bodhi-Baum,
> der Geist, er gleicht
> dem klaren Ständer-Spiegel.
> Wisch ihn denn immer wieder rein,
> lass keinen Staub
> sich darauf sammeln!

Dieser Vers ist zwar außergewöhnlich und in seiner Art wunderbar, aber in ihm ist der Gedanke enthalten, dass es ein substantielles Selbst gebe, das man polieren und von Staub freihalten müsse. Es ist ein Vers, der immer noch dem Intellekt verhaftet ist. Im Gegensatz dazu schrieb Huineng (der spätere sechste Patriarch) diesen Vers:

> Im Grunde gibt es
> keinen Bodhi-Baum,
> noch gibt es
> Spiegel und Gestell.
> Da ist ursprünglich
> kein einziges Ding –
> wo heftete sich Staub denn hin?

Für Hui-neng war die Übung keine Sache des Intellekts oder Willens, sondern die Welt in ihrer Soheit, Wirklichkeit an sich, ohne den kleinsten Raum, in den Verstand, Wille oder eine »Vorstellung« von Übung eindringen könnten. »Kein Ding« oder »Leere« bedeutet, dass es keinen Unterschied zwischen Selbst und anderen gibt. Es ist die Harmonie des jeweiligen Moments, in dem man selbst und andere(s) verschmolzen sind und sich das wahre Selbst zum ersten Mal voll in seiner ganzen Individualität entfalten kann – die Absolutheit des »Hier und Jetzt«. Kostet deshalb diesen Vers von Hui-neng zusammen mit den Worten von Sōsan gut aus.

> Wenn der Geist natürlich wirkt
> und es keine Gegensätze gibt,
> ist gerade das
> die Rückkehr zum Ursprünglichen.
>
> Das eigene Selbst,
> das die Ursache für Täuschung ist –
> wenn du verstehst,
> dass es ursprünglich Leere ist,
> gibt es überhaupt nichts,
> was du vergleichen könntest.

止動無動
動止無止

Wird Bewegung angehalten,
so entsteht Nicht-Bewegung;
wird Ruhe bewegt,
so entsteht Unruhe.

両既不成
一何有爾

Wenn beides schon nicht existiert,
wie könnte es dann das Eine geben.

Hier werden nur die beiden Zustände Bewegung und Ruhe angesprochen, aber begrenzt die Aussage dieses Verses nicht auf diese beiden. Alle Erscheinungen lassen sich in ein System von Mitte, rechts und links, oben und unten und so weiter einordnen, also in ein System der Unterscheidungen. Zum Beispiel wies auch der Sechste Patriarch Hui-eng darauf hin, dass die Existenzweise alles Seienden auf Gegensatzpaaren beruht.

Aber das muss nicht bedeuten, dass wir von unseren Unterscheidungen und Vergleichen gefesselt werden. Es bedeutet nur, dass wir innerhalb vergleichbarer Erscheinungen leben und uns bewusst sein müssen, wie leicht wir von ihnen in die Irre geführt werden.

Es ist deshalb jedoch keine Selbstverständlichkeit, dass wir Unterscheidungen treffen und Vergleiche anstellen. Die Frage ist, wie wir das Vergleichen überschreiten können. Der Kernpunkt unserer Übung ist die Frage, wie wir dem Ursprung näherkommen können. Wahrheit ist das *Ganze*; das ist nichts, was sich nach rechts oder links neigt oder sich über der Mitte befindet. Als Erscheinung jedoch offenbart sich alles als rechts oder links, vorne oder hinten, oben oder unten. Wenn man sich jedoch davon fesseln lässt, dann verliert man die Wahrheit aus den Augen.

In Bewegung gibt es Ruhe, und in Ruhe existiert Bewegung. Bewegung und Ruhe, die sich zu widersprechen scheinen, existieren gleichzeitig. Rechts und Links existieren gleichzeitig, Vorne und Hinten existieren gleichzeitig. Trennt euch deshalb von eurer Welt der Gegensätze und erkennt die Welt der Einen Wahrheit, dann wird es nirgends etwas geben, was nur einseitig existiert.

Wahrheit ist das Ganze und schließt alle Gegensätze in sich ein. Aber das, was wir mit unserem Verstand erfassen können, ist immer nur eine Seite. Deshalb neigen wir dazu, nur eine Seite als endgültig und absolut zu bestimmen, ohne zu sehen, dass ihr Gegenteil bereits vorhanden ist. Auf der Rückseite von Jugend ist Alter, auf der Rückseite von Schönheit ist Hässlichkeit. Auf der Rückseite von Freude ist Trauer, auf der Rückseite von Leben ist Tod. Wahrheit umfasst beides und ist doch weder das Eine noch das Andere in abgetrennter Form. Man kann Rechts und Links nicht voneinander trennen und jedes allein für sich existieren lassen. Man kann Bewegung und Ruhe nicht getrennt für sich existieren lassen. Eines und Vieles existieren nicht getrennt voneinander. Das Eine bedingt das Viele, und umgekehrt. Wird eine Seite weggenommen, dann vergeht auch die andere.

Ursprünglich gibt es
keine Bewegung,
die angehalten werden müsste,
und keine Ruhe,
die bewegt werden müsste.

Diese ursprüngliche Welt –
man kann sie weder Bewegung
noch Ruhe nennen,
weder Zwei noch Eins.

究竟窮極
不存軌則

Letztendlich
gibt es keine Bestimmungen.

Letzten Endes existieren keine Regeln, und es gibt nichts, was man ergreifen und als Grundsatz festlegen könnte. Die Regeln, die wir erfassen können, befinden sich innerhalb eines bestimmten Rahmens und haben nur für einen begrenzten Zeitraum und eine bestimmte Angelegenheit Gültigkeit. Letztlich gibt es keine Regeln, welcher Art auch immer. Das bedeutet aber nicht das Negieren von Regeln als solchen, sondern besagt, dass sich alle Regeln unbegrenzt wandeln. Unzählbare Bestimmungen sind in Bewegung, sich gegenseitig umwindend, sich immerfort wandelnd. Von Moment zu Moment, von Ort zu Ort, entsteht ein absolutes, höchstes Gesetz, das im nächsten Moment von einem neuen »höchsten Gesetz« überschritten und abgelöst wird. Dies ist das Wirken der wahren Wirklichkeit, die sich ständig wandelt, die ständig Neues hervorbringt – in der jeder Augenblick als solcher absolut ist.

Basho, einer der größten unter den japanischen Haiku-Dichtern, verfasste kurz vor seinem Tod ein letztes Gedicht, ein sogenanntes Sterbegedicht. Als man es fand und er darauf angesprochen wurde, sagte er: »Alle Haikus, die ich bis jetzt geschrieben habe, waren Sterbegedichte.« Jedes Haiku, das er geschrieben hatte, war sein bestes und letztes, war absolut und vollkommen.

Letztlich gibt es nichts,
was du als »Dies«
bestimmen könntet,
um dich daran festzuhalten.

契心平等
所作俱息

Übereinstimmender Geist
ist Gleichheit,
alle künstlichen Handlungen
vergehen zusammen.

Der Geist, der sich im Einklang befindet – das ist der Geisteszustand, in dem alles weite Leere ist, in dem sich nicht einmal ein Stäubchen rührt, in dem es nichts gibt, was man als Prinzip oder Grundregel ergreifen könnte, also der Zustand von Nicht-Geist, des Alles-Durchdringens. In diesem Wirken des Geistes, des Lebens oder der

Großen Weisheit, wie es im Buddhismus genannt wird, ruhen alle künstlichen Handlungen.

Künstliche Handlungen sind alle Aktivitäten, in denen das eigene Ich im Mittelpunkt steht und durch die ein eigenmächtig erschaffener Traum verwirklicht werden soll. Wenn diese Handlungen vergehen, dann erscheint das natürliche Wirken, das sich so harmonisch den momentanen Begebenheiten anpasst, wie Wasser aus der Höhe in die Tiefe fließt und sich von Moment zu Moment den jeweiligen Voraussetzungen überlässt. Übung bedeutet nicht ein zwanghaftes Anhalten von dem, was sich bewegt, und auch kein In-Bewegung-Bringen von dem, was sich im Zustand der Ruhe befindet. In der Bewegung ist bereits Ruhe, in der Ruhe gibt es Bewegung. In Rechts ist Links vorhanden, Links geht einher mit Rechts – Gegensätze existieren zusammen. Denkt einmal gut darüber nach – sogar innerhalb der eigenen Verblendung herrscht Ausgeglichenheit. Auf der Rückseite eines Überlegenheitsgefühls kann man mit Sicherheit ein Minderwertigkeitsgefühl antreffen – selbst Täuschung und Verblendung können sich keinen Schritt von der Wahrheit entfernen.

> Ursprünglich sind
> das Wirken des menschlichen Geistes
> und die Bewegung der Wahrheit
> vollkommen eins;
> so etwas wie künstliche Handlungen
> ist nirgends vorhanden.

狐疑尽浄
正信調直

Zaudern und Zögern
vollkommen erschöpft,
das wahre Vertrauen ist
harmonisch und direkt.

Nicht-Geist, ungestörte Leere – reine Harmonie. Dann gibt es nur noch ein Sich-dem-Geist-Überlassen, ein »Vertrauen in den Geist«. Dann gibt es nur noch die Lebensweise, die uns von Moment zu Moment im »Hier und Jetzt« völlige Zufriedenheit kosten lässt. Nur weil euch das nicht gelingt, habt ihr einen Wunsch nach dem anderen. Wenn ihr wirklich alles und jedes gründlich in euch aufnehmen und damit verschmelzen könntet, dann würdet ihr feststellen, dass eure Wünsche und Begierden verschwunden sind.

Weil ihr das nicht könnt, seid ihr wie Bettler und verlangt nach allem, was ihr hört und seht. Das Problem ist nicht, ob man in Lumpen gekleidet, zu groß oder zu klein, zu dick oder zu dünn ist. Ist man jedoch nicht in der Lage, alles, womit man konfrontiert wird, gründlich in sich aufzunehmen, und hat man immer ein Loch im Herzen, das man mit etwas auffüllen möchte, ist dies wirklich beschämend und bedeutet das Erzeugen von Leid und Sorgen. Strengt euch deshalb an und verwirklicht die Wahrheit des »Hier und Jetzt«, damit ihr selbst sagen könnt:

Zweifel und Unschlüssigkeit
werden zunichte,
es gibt nur reine Harmonie.

一切不留
無可記憶

Nichts bleibt zurück,
keine Erinnerungen.

虛明自照
不勞心力

Reine Klarheit
erstrahlt natürlich,
ohne Anwendung
der Geisteskraft.

Ob im individuellen Leben oder in der großen Natur – alle Dinge entstehen von Augenblick zu Augenblick und vergehen von Augenblick zu Augenblick. Könnt ihr deshalb die

Lebensweise des »Hier und Jetzt« nicht durchdringen, dann wird es euch nicht möglich sein, das Glück, das momentan vor euren Augen auftaucht, zu ergreifen. Ob Glück oder Leiden, wenn ihr es vollkommen zur Vollendung bringt, wenn ihr ganz und gar damit verschmelzt, dann bleibt nichts zurück, was euch als »Vergangenheit« umgibt. Dann gibt es keine Reste von Glück oder Leid, die der Verwirklichung der nächsten Freude, der nächsten Sorge im Wege stehen. Wenn ihr das ursprüngliche Wirken natürlich hervortreten lasst, dann ist alles Leere, ist alles natürlich und klar. Es ist absolut unnötig, dass ihr den eigenen Willen anstrengt, denn erst dann, wenn wir uns weder von Willenskraft noch von Vorstellungen, weder von Kenntnissen noch von Gefühlen vereinnahmen lassen und all die psychischen Aktivitäten frei wirken, kann sich unsere ursprüngliche Kraft ohne Einschränkungen entfalten.

Eins nach dem anderen erscheint,
eins nach dem anderen vergeht –
es gibt keinen Stillstand
und keine Rückkehr.

Das ursprüngliche, natürliche Wirken
wirkt frei –
du brauchst deine Willenskraft
nicht anzustrengen.

非思量処
識情難測

Der Ort des Nicht-Erwägens
ist mit Wissen oder Gefühl
nicht zu ergründen.

Der »Ort des Nicht-Erwägens« ist Wahrheit an sich. Das ist kein Teil der Wahrheit, zeitlich begrenzt auf einen Moment und räumlich begrenzt auf einen Ort. Und es ist auch kein Gesetz, das bestimmte, Beschränkungen unterliegende Dinge erklärt. Die Wissenschaften sind heutzutage sehr weit fortgeschritten. Eine Unmenge von Gesetzen wurde entdeckt und geschaffen, und diejenigen, die diese Prinzipien entweder entdeckt oder sich überlegt haben, sind besonders talentierte und befähigte Menschen. Aber diese Gesetze werden, eines nach dem anderen, wieder überschritten und durch neue ersetzt.

In meinen Bemerkungen zu einem früheren Vers habe ich gesagt, dass Regeln von Moment zu Moment überschritten und aufgehoben werden. Dieses Überschreiten jedoch und das Überschreiten, von dem hier die Rede ist, haben nicht die gleiche Bedeutung, und ihr dürft sie nicht miteinander verwechseln. Das Überschreiten als ein Wirken des Höchsten Weges besteht darin, dass ein Moment, während er absolut und vollkommen ist, sich selbst im nächsten Moment transzendiert. Das Überschreiten von Gesetzen, zum Beispiel in den Naturwissenschaften, bedeutet jedoch, dass sie nur einen begrenzten Bereich erklären können und von Anfang an unvollkommen waren. Dieser Unterschied ist der Unterschied zwischen dem Wirken des Ortes des Nicht-Erwägens und dem Wirken des Ortes der Erwägung. Das, was durch Verstand, angehäuftes Wissen und Gefühl erfasst werden kann, ist letztlich nur etwas, was Begrenzungen unterliegt. Die Welt, die wir anhand dieser Fähigkeiten erkennen können, befindet sich im Reich der Wissenschaft, aber nicht der Übung.

Eines Tages, als der chinesische Meister Yakusan Igen (chin. Yüeh-shan Wei-yen, 745–828?) Zazen übte, kam ein Mönch zu ihm und fragte: »Der Meister sitzt fest und entschlossen. Was erwägt er?« Meister Yakusan erwiderte: »Ich erwäge das Nicht-Erwägbare.« Der Mönch fragte nochmals: »Wie kann man das Nicht-Erwägbare erwägen?« Yakusan sagte: »Nicht-Erwägen.«[8]

Und der japanische Zen-Meister Daitō Kokushi (1282–1338) gab seinen Schülern als letzte Unterweisung vor seinem Tod folgenden Rat: »Während der vierundzwanzig Stunden des Tages wende dich stets nur dem zu, was nicht verstandesmäßig erfasst werden kann, und ergründe es unablässig …« Ich selbst muss jedoch gestehen, dass es mir nicht möglich war, gleich zu Beginn meiner Übung den Ort des Nicht-Erwägens zu erwägen. Meine Erziehung war von frühester Jugend an darauf ausgerichtet gewesen, verstandesmäßig einen Zweck und ein Ziel zu bestimmen und dann mit Verstand und Wille danach zu streben. Deshalb waren die ersten zwei, drei Jahre, nachdem ich angefangen hatte, Zazen zu üben, von einem heftigen Gefühl des Erleuchtetsein-Wollens, vom willentlichen Aushalten der körperlichen Schmerzen und von Müdigkeit ausgefüllt. Erleuchtet wurde ich davon jedoch nicht. Deshalb übte ich auch mittags und nachts (also auch in den »Ruhepausen« im strengen Klosteralltag [Anm. d. Übers.]) nur noch Zazen, und weil ich dachte, meine Müdigkeit rühre vom Essen her, hörte ich auf zu essen. Die Folge waren lediglich stärkere Schmerzen und geistige Unklarheit. Auf dem Sitzkissen saß ein Kloß aus Schmerzen, Müdigkeit und Verwirrung. Obwohl ich dachte, dass es zu meinem Tod führen würde, wenn ich so weitermachte, konnte ich doch nicht damit aufhören. Dann eines Nachts, plötzlich, als ob der Nebel sich lichten würde, vergingen die körperlichen Schmerzen und die geistige Verwirrung. In einer großen Klarheit waren ein Sehen und Hören, aber es waren überhaupt kein sehendes Selbst und kein hörendes Selbst vorhanden. Ich weiß nicht, wie lange dies andauerte, aber als ich wieder zu mir kam, gab es nichts als eine große, überschwängliche Freude, die mich nicht mehr stillhalten ließ. Ich hatte überhaupt keinen Gedanken daran, dass dies die Erleuchtung oder eine religiöse Erfahrung wäre, sondern nur Freude, die wie Wasser aus einer Quelle in mir hervorsprudelte. Solche Erfahrungen, natürlich nicht immer durch den gleichen Prozess angestoßen, wiederholten sich wieder und wieder. Der große japanische Zen-Meister Hakuin, einer der bedeutendsten japanischen Meister, sagte über sich selbst: »Große Erleuchtung achtzehnmal, kleine Erleuchtungen unzählige.«

Diese Erleuchtungen, dieses Erwägen des Ortes des Nicht-Erwägens, sind stets das Transzendieren des eigenen Selbst.

> Diese Welt kann nicht erfasst werden;
> wenn du denkst,
> du hättest sie ergriffen,
> ist es nur eine Täuschung.

真如法界
無他無自

Im Reich
der Wahrheit an sich
gibt es weder
andere noch ein Selbst.

»Die Wellen des großen Ozeans, die tosend an den Felsstrand branden – sie brechen sich und zerbersten, sie überschlagen sich und zerschäumen. Ah, wie kühn und mutig.«

Minamoto no Sanetomo, der Verfasser dieses Lieds, war nicht nur ein Poet, sondern auch ein Shōgun in der Kamakura-Periode. Das Gefühl, das er beim Schreiben dieser Zeilen höchstwahrscheinlich hatte, war Respekt vor dieser Kühnheit der Wellen, die selbst angesichts ihres Vergehens mit Stärke und aller Macht heranbrausen, und sicher wird er seinen Entschluss, sein Leben mit Mut und Tapferkeit zu leben, komme, was da wolle, beim Anblick der Wellen erneuert und bekräftigt haben.

Die Zeilen haben jedoch gleichzeitig noch eine Bedeutung, die er selbst vielleicht gar nicht bemerkt hat, die aber noch viel wichtiger ist und die wir auf keinen Fall übersehen dürfen. Eine große schaumgekrönte Welle rollt aus der Ferne heran und bricht sich schließlich an den Felsen des Ufers – und dann? Ist es nicht so, dass sie zurückkehrt in den großen Ozean? Dann gibt es zwar keine einzelne Wellenform mehr, aber es gibt das große, mit allem organisch verbundene Wasser in seiner Gesamtheit an sich. Und daraus erhebt sich wiederum eine Welle, die mit ihrer ganzen Kraft ans Ufer heranrollt und sich dort bricht. Da ist also nicht nur ein Vergehen, sondern auch ein Zurückkehren. Der Wandel der Form – für Lebewesen ist das als äußerstes der Tod – ist keine Katastrophe, sondern ein erneutes Geborenwerden, eine dynamische Bewegung innerhalb einer organischen Beziehung.

Es fällt Menschen sehr schwer, die Dinge in ihrer Soheit zu erkennen, weil sie die Angewohnheit haben, sich zuerst einmal Gedanken darüber zu machen und erst danach wirklich hinzusehen. Ihr Denken ist lediglich ein Sich-Beschäftigen mit dem, was sich innerhalb von Beschränkungen befindet, aber kein weites Öffnen des Herzens, um alles in seiner Soheit zu empfangen. Ihre Gedanken kleiden sie dann in Worte, die in sich selbst bereits etwas Relatives sind. Wenn es Großes gibt, gibt es auch Kleines. Wenn Gutes existiert, existiert auch Schlechtes. Wenn es ein Vorne gibt, gibt es ein Hinten, mit Kurzem geht Langes einher. Auf diese Weise sind Worte immer innerhalb von Gegensätzen.

Anhand dieser Worte folgen wir unserer Logik. Aber bevor wir diese Logik überhaupt anwenden, betrachten wir sowieso nur die Dinge, die schon im Rahmen von Beschränkungen liegen. Zum Beispiel wird auf einer Bühne die Beleuchtung oft so eingesetzt, dass nur ein Teil der Szene im Rampenlicht hervorgehoben wird und der Rest im Hintergrund verschwindet. Für Menschen, die sowieso stets nur Teile und Ausschnitte wahrnehmen, werden durch Beleuchtungseffekte nochmals Teile ausgesondert oder hervorgehoben. Das hat zwar im Theater seine Berechtigung, aber leider tun wir so etwas oft auch in unserem täglichen Leben. Wenn wir unsere Kinder betrachten, sehen wir kaum, dass sie einmal erwachsen sein werden. Wenn junge Menschen jemanden sehen, der alt ist, erkennen sie nicht, dass er einmal jung war, und sie bemerken auch nicht, ihre eigene Zukunft bedenkend, dass sie selbst einmal ein alter Mensch sein werden.

Einerseits sondern wir aus und betrachten nur kleine Ausschnitte, andererseits neigen wir dazu, das Leben nur sehr allgemein und generell zu betrachten, ohne etwa dem Leben einer einzigen Zelle Aufmerksamkeit zu schenken. Deshalb meinen wir, dass unser eigenes Leben die Fortdauer eines einzigen »Ich« ist, vom Zeitpunkt unserer Geburt bis zu dem Tag, an dem wir in einen Sarg gelegt werden. Aber überlegt euch einmal: Jeden Tag, wenn wir ein Bad nehmen, wird ein Teil unseres äußeren Ich wasserbestattet, und wenn wir auf die Toilette gehen, wird ein Teil unseres inneren Ich bestattet. Unsere Zellen erneuern sich fortwährend, manche innerhalb von ein paar Tagen, andere innerhalb von ein paar Wochen. Es ist ein stetiges Bersten und Zerbrechen, Zerschäumen und Vergehen, aber es fällt uns schwer, dies zu erkennen. Während man einerseits ein Teil des Ganzen ist, ist man gleichzeitig eine unentbehrliche Existenz in diesem Ganzen. Weil ihr euch dessen nicht bewusst seid, vermeint ihr, unverrückbar und unveränderlich zu existieren, und denkt, dass alles außer euch selbst etwas »anderes« sei. Aus dieser Täuschung entsteht dann der Wunsch, dieses eigene Selbst sicher und unantastbar zu machen, und die Folge davon ist, dass ihr euch alles andere außerhalb eurer selbst zum Feind macht. Das ist wirklich furchtbar, denn es bedeutet, dass das gesamte Universum zum Feind wird.

Die Welt der Wahrheit ist in ihrer Soheit ohne Selbst und andere. Sie ist das ursprüngliche Verschmolzensein unserer selbst mit allem anderen. Dort gibt es kein abgesondertes Selbst. Die Welt in ihrer Soheit zu erkennen bedeutet, ohne ein Selbst, das sieht, zu sehen. Während man klar und deutlich sieht und hört, gibt es keinen Sehenden oder Hörenden, sondern nur das Verschmelzen mit dem jeweiligen Augenblick. In diesem Moment gibt es keine Welt, die außerhalb von dir selbst existiert; du selbst bist im Ganzen aufgegangen – abhängig vom Ganzen entsteht das eigene Selbst. Alles andere bist du selbst, du selbst bist alles andere.

> Nur in fixen Ideen
> gibt es dich und andere.

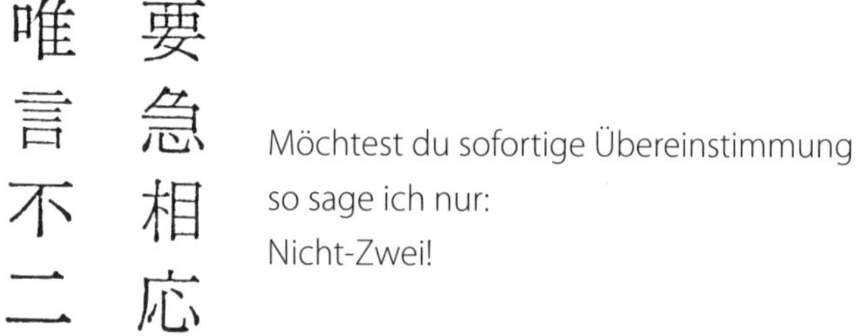

Wollt ihr mit der Wahrheit übereinstimmen und mit ihr eins werden, dann ist gerade diese Absicht das Hindernis, das euch im Weg steht. Wenn es auch den Unterschied zwischen dem formlosen Wesen, genannt Wahrheit an sich, und einem selbst, der sogenannten Erscheinung, gibt – ursprünglich ist es Nicht-Zwei. Wenn ihr deshalb überflüssige Gedanken wie »übereinstimmen wollen« vergesst und einfach auf »natürliche Weise« seid, dann ist genau das die wahre Übereinstimmung. Aufgrund unserer eingefahrenen Gewohnheiten, wie zum Beispiel Erwägungen anstellen, Unterscheidungen vornehmen und wählen, ist es sehr schwierig, diese »Natürlichkeit« zu verwirklichen, und oft ist es notwendig, dafür sehr intensiv zu üben. Viele Menschen halten nur diese Übung, die unsere Gewohnheit, alles nur mit dem Verstand erfassen zu wollen, zerstört, für »Zen«. Aber beim wahren Geisteszustand des Zen geht es, wenn man ihm unbedingt einen Namen geben will, um die Rückkehr zum ursprünglich Natürlichen. Deshalb sagt Meister Sōsan:

Nicht-Zwei!

Der Geist jener, die auf der Suche sind, nimmt Unterscheidungen und Trennungen vor und ist immer Zwei. Wer nach Erleuchtung sucht, der denkt von sich selbst, dass er verblendet sei. Diejenigen, die nach der Wahrheit suchen, glauben, dass sie selbst davon entfernt seien. Einer, der nach Liebe sucht, nimmt an, dass er nicht geliebt werde. Deshalb sagte Meister Rinzai: »Suche nicht außerhalb, durch Suche entsteht Leiden.« Reich und arm, Ruhe und

Lärm, Friede und Krieg, Licht und Dunkelheit, Selbst und andere –

> Versuchst du unvernünftigerweise
> diese beiden, nur in Täuschung
> existierenden Seiten zu verbinden –
> es geht nicht,
> weil sie ursprünglich keine Zwei sind.

不二皆同
無不包容

Nicht-Zwei,
alles ist gleich –
es gibt nichts,
was nicht enthalten ist.

十方智者
皆入此宗

Die Weisen
aus den Zehn Richtungen
treten alle
in diese Wahrheit ein.

Alles Seiende kann in seiner Soheit nicht gegeneinander abgewogen und miteinander verglichen werden. Es gibt nichts, was von sich behaupten könnte: »Das bin nur ich, aber bist nicht du.« Die Luft, die ich jetzt in meine Lungen einatme, wird als Nächstes in euren Lungen sein. Das Wasser, das ich jetzt trinke, wird irgendwann zu dem Wasser, das ihr zu euch nehmt. Ob man Luft, Wasser oder Nahrungsmittel als Beispiel nimmt, alles trägt innerhalb eines großen Kreislaufs, in einer organischen Beziehung zum Wandel und der Bewegung des Lebens bei.

Das ist die Welt der Wahrheit an sich – darin gibt es überhaupt nichts, was sich als Ausnahme, als etwas Besonderes hervortun könnte; alles steht vielmehr in einem untrennbaren Zusammenhang mit allem anderen. Alle Menschen, an allen Orten und zu allen Zeiten (das heißt aus allen Zehn Richtungen – diese sind die vier Himmelsrichtungen West, Ost, Süd und Nord, dann die Richtungen Südost, Nordost, Südwest, Nordwest sowie die Senkrechte der Zeit, Vergangenheit, Zukunft), die mit der Welt der Wahrheit an sich vereint sind, die friedlich und sorglos in der Welt von Nicht-Zwei weilen, sind Menschen, die diese fundamentale Realität verwirklicht haben.

> Alles Existierende ist gleich;
> alles kommt daraus hervor,
> alles kehrt dahin zurück.

Die Menschen der Vergangenheit
und Zukunft,
die Heilige genannt werden,
erreichen alle diese Wahrheit.

宗非促延
一念万年

In der Wahrheit gibt es
weder Verkürzung noch Verlängerung,
ein Gedankenmoment
ist zehntausend Jahre.

無在不在
十方目前

Es gibt weder
Sein noch Nichtsein,
nur die Zehn Richtungen
vor unseren Augen.

Wahrheit ist jenseits von Zeit und Raum. Nur mit Dingen und ihrem Wandel konfrontiert, entwickeln wir ein Gefühl von Zeit und Raum. Fu-kō (chin. P'u-Kuang) war ein Schüler des berühmten Mönchs Genjō (chin. Hsüan-chuang,

600–664). Er reiste von China durch Zentralasien nach Indien und brachte 657 Sanskrit-Texte mit zurück, wovon er etliche, darunter die wichtigsten Werke des Yogāchāra, ins Chinesische übersetzte, weshalb er auch oft Tripitaka-Meister genannt wurde. Dieser Fukō sagte in einer Abhandlung über die »Schatzkammer des Abhidharma« (Skrt. Abhidharma-kosha): »Zeit ist ohne eine eigene Substanz. Sie erscheint abhängig von den Phänomenen.« Richten wir also unsere Augen nur auf die Erscheinungen, dann gibt es in ihrem Wandel sofort Ursache und Wirkung, dann ist das Resultat vergangener Ursachen die Gegenwart, und auch diese wird wiederum zur Ursache für das Resultat der Zukunft. Dann gibt es das Gesetz der Kausalität und damit einhergehend die Einschränkung von Zeit und Raum. In allen Lehren, die sich auf Moral stützen, wird deshalb immer betont, dass man für ein gutes Resultat (zum Beispiel Glück) die entsprechenden guten Ursachen erzeugen muss.

Tatsächlich ist es jedoch so, dass nur ein verschwindend kleiner Teil einer Ursache von einem selbst beeinflusst oder erzeugt werden kann. Es sind unvorstellbar viele Ursachen zusammen, die ein einziges Resultat ergeben. Deshalb gab es in der Geschichte der Menschheit immer viele, die Glück erlebten, obwohl sie schlechte Ursachen erzeugten, und es gab andererseits auch viele, die ohne irgendetwas Schlechtes zu tun, Unglück erfuhren. Dies wird im Allgemeinen als »Schicksal« bezeichnet, und alle möchten gern von diesem Schicksal, der Einschränkung durch Ursache und Wirkung, frei sein. Im *Mumonkan* wird gleich als zweites Kōan folgende Geschichte vorgestellt:

Wenn Meister Hyakujō seinen Dharma-Vortrag gab, saß unter den Mönchen immer ein alter Mann, der mithörte und sich zurückzog, wenn die anderen weggingen. Eines Tages jedoch blieb er zurück, und der Meister fragte ihn: »Wer bist du, der du vor mir stehst?« Der alte Mann antwortete: »Ich bin kein menschliches Wesen. Früher, zur Zeit des Kashō-Buddha, war ich der Obere dieses Klosters. Einmal kam ein Mönch und fragte mich: ›Fällt ein erleuchteter Mensch auch unter das Gesetz von Ursache und Wirkung?‹ Ich antwortete: ›Er tut es nicht.‹ Wegen dieser Antwort wurde ich gezwungen, fünfhundert Leben lang das Leben eines Fuchses zu leben. Nun bitte ich Euch, sprecht für mich die Worte der Verwandlung und entlasst mich aus dem Fuchsleib.« Dann fragte der alte Mann Meister Hyakujō: »Fällt ein erleuchteter Mensch auch unter die Kausalität oder nicht?« Der Meister sagte: »Er missachtet die Kausalität nicht.« Als der alte Mann das hörte, wurde er sogleich erleuchtet …

Am Abend bestieg der Meister das Rednerpult in der Halle und erzählte den Mönchen die ganze Geschichte. Daraufhin fragte Ōbaku: »Ihr sagt, der alte Mann habe nicht die richtigen Worte gesprochen und musste das Leben eines Fuchses führen. Was wäre aus ihm geworden, wenn er die richtige Antwort gegeben hätte?«[9] Könnt ihr auf diese Frage antworten? Der dritte Patriarch Sōsan befindet sich nicht in einer Welt von Ursache und Wirkung, ist in kein Schicksal verfangen. Natürlich lebt er als Erscheinung zusammen mit vielem anderen – da gibt es sowohl Wandel als auch Dinge, die man als Ursache und Wirkung oder Schicksal bezeichnen kann. Aber in Sōsans Lebensweise existieren sie nicht. Für Sōsan gibt es keine Ziele (Wirkungen), die er anstrebt, und dementsprechend sind auch seine Handlungen frei von einer Absicht. Sein Bestimmungsort (Ziel) ist »hier«, und um dorthin zu gelangen, gibt es nur »jetzt«. Zwischen dem Ort, an dem er steht, und seinem Ziel gibt es weder Distanz noch Zeit. Ursache und Wirkung sind eins – nirgends existiert ein Schicksal. Wenn Meister Sōsan weint, dann weint er nur; wenn er lacht, dann lacht er; wenn er singt, dann singt er. Meister Hakuin besingt diesen Geisteszustand in seinem »Preisgesang des Zazen« (jap. *Hakuin Zenji Zazen Wasan*) mit folgenden Worten: »Weit öffnet sich das Tor der Einheit von Ursache und Wirkung, und der einzige Weg tut sich auf.«[10]

Gerade das ist ES. Wenn man sich erkühnt, es wissenschaftlich zu erklären, dann könnte man sagen, dass in einer Zelle, der Grundeinheit unseres Lebens, nicht nur die unendliche Vergangenheit eingeschlossen ist, sondern auch die Kraft, Zukunft zu erzeugen. Aber diese Kraft offenbart die jeweilige Zelle stets nur in *diesem* Moment. Sie wertet und überlegt nicht, wie sie Raum und Zeit, Ursache und Wirkung oder das Schicksal beeinflussen und kontrollieren könnte, und dennoch lebt sie in jedem Moment ganz natürlich die unendliche Vergangenheit und Zukunft. Ihr denkt vielleicht, dass sich diese Erklärung nur auf die Zeit bezieht, aber das Wirken einer Zelle in jedem Augenblick existiert in vollkommener Harmonie mit allen anderen Zellen. In jedem Moment, den wir erleben, sind zeitlich und räumlich grenzenlose, unermessliche Dinge inbegriffen. Obwohl das so ist, zerstören wir den jetzigen Augenblick, indem wir ihn begrifflich fassen und bewerten und Ursache und Wirkung kontrollieren wollen. Meister Hyakujōs Aussage »Er missachtet die Kausalität nicht« ist die Aufforderung, den jetzigen Moment, in dem die unendliche Zeit und der unendliche Raum enthalten sind, in seiner Soheit direkt in sich aufzunehmen. Meister Sōsan sagt, dass wir, wenn wir den jetzigen Augenblick in seiner Soheit leben, den unendlichen Raum und die unendliche Zeit leben, und Meister Hakuin sagt, dass das Leben der »Einheit von Ursache und Wirkung« genau der eine Weg der Wahrheit ist.

Die Welt in ihrer Soheit, die Wahrheit an sich, ist das »Hier und Jetzt«. Das unendliche Universum ist stets vor unseren Augen, ohne sich zu verbergen, klar und eindeutig. Es ist nichts, was an diesem Ort vorhanden wäre, an einem anderen Ort aber nicht.

Was Sōsan hier besingt, ist wirklich nichts Außergewöhnliches. Er mag es in schwierige Worte fassen, aber seine Erleuchtung hat nichts Mysteriöses an sich. Sein Geisteszustand ist, das, was normal und gewöhnlich ist, so wie es ist, zu erkennen. Es ist im Gegenteil nur mysteriös, dass wir diese klare und durch nichts verborgene Welt in ihrer ganzen Entfaltung nur teilweise sehen. Und es ist mysteriös, dass ihr, ausgestattet mit euren fünf wunderbaren Sinnen, mit eurem unvergleichlichen Geist und obwohl ihr mit der Welt der Wahrheit an sich verschmolzen seid, euch in Illusionen verstrickt und euch nicht bemüht, dies zu erkennen.

Die Wahrheit unterliegt
keinen zeitlichen Bedingungen;
deshalb führt ein Moment
der Erleuchtung an sich
zur Ewigkeit.

Die Wahrheit unterliegt
keinen räumlichen Bedingungen;
deshalb führt ein Moment
der Erleuchtung an diesem Ort
zu unendlichem Raum.

極小同大
忘絶境界

Das Kleinste ist
dem Größten gleich;
die Grenzen zwischen
den Welten verschwinden.

極大同小
不見辺表

Das Größte ist
dem Kleinsten gleich;
es gibt keine
festen Grenzen.

Was ist eigentlich Klein oder Groß? Es sind Worte und Begriffe, die abhängig von den von uns Menschen erzeugten Grenzteilungen entstanden sind. Genauso wie ein Kuchen, der nicht mit einem Messer zerteilt wurde, weder kleine noch große Stücke hat, gibt es ursprünglich in der Wahrheit keine Grenzlinien. Form, Farbe, Größe und Schwere, alle diese Unterschiede werden abhängig von den Trennlinien unserer Vorstellungen erzeugt. Wir wollen zwar die Wahrheit erkennen, aber was wir in Wirklichkeit wahrnehmen, sind nur Grenzlinien oder die Teile, die von ihnen umgeben sind. Die Dinge, über die wir nachdenken, sind nicht die Wirklichkeit, sondern lediglich Worte und Begriffe. Ursprünglich existieren nirgends irgendwelche Grenzlinien – solange ihr diese Tatsache nicht selbst bemerkt, werden euch Worte wie »Das Kleinste ist gleich dem Größten« nur in Verwirrung bringen. Im Zen werden Worte deshalb als »Schlingpflanzen« (jap. *kattō*) bezeichnet; als etwas, das uns in Verwirrung bringt, weil wir uns davon fesseln lassen und so die Wirklichkeit aus den Augen verlieren.

Auch das Kleinste, was wir mit unseren Worten bezeichnen können, ist das Universum an sich – wir sehen das nur nicht, weil unser Verstand sich in einem begrenzten Teil verfangen hat. Das, was wir Groß nennen, ist etwas, was in einem großen Rahmen gesehen wird – das Innere nehmen wir lediglich nicht wahr.

Wie ein Lausejunge, der einen Frosch zerlegt, ihn dann wieder zusammensetzen und zum Leben bringen will, so zerlegen wir das, was ursprünglich ohne Grenzen und Trennlinien ist, in Namen, Worte und Begriffe und leiden dann bei unserem Versuch, es von neuem wieder zusammenfügen zu wollen. Hört auf, in das »Kleinste« und »Größte« zu unterteilen – dann wird es auch nicht mehr notwendig sein, erneut zu sagen, dass sie gleich sind und es keine Grenzen gibt.

> Das kleinste Staubteilchen,
> so wie es ist,
> ist das Universum –

nirgends gibt es so etwas
wie Grenzen zwischen
Groß und Klein.

Das Universum ist,
so wie es ist,
ein kleines Staubteilchen –
es gibt keine Begrenzungen.

有即是無
無即是有

Sein ist gleich Nichtsein,
Nichtsein ist gleich Sein.

Ist Leere Sein oder Nichtsein? Die Gewohnheit, es zu definieren und auf eine Seite festlegen zu wollen, beruht auf unserer Tendenz, die Logik als Maßstab unseres Verstehens zu nehmen. Aber unsere logischen Begriffe und Konzepte erzeugen oft Widersprüche und wenn unser Versuch, diese Widersprüche zu vereinen, scheitert, fühlen wir uns nicht mehr wohl. Die Widersprüche liegen nicht in der Wahrheit selbst. Nur weil ihr versucht, die Wahrheit, die sich von

Anfang an nicht in Begriffen von Sein oder Nichtsein erfassen lässt, in eben solchen Begriffen zu ergreifen, entstehen Widersprüche und Probleme.

Wenn ihr mit etwas zusammen seid, das ihr vorbehaltlos liebt, sei es eine Blume, eine Person oder eine Landschaft, dann vergesst ihr euch selbst, und in diesem Moment der Selbstvergessenheit seid ihr zufrieden und glücklich. Seid ihr in diesem Moment oder seid ihr nicht? Sein oder Nichtsein, Erscheinung oder Leere – wenn ihr dieses Gedicht lest, dann hört auf, solche Konzepte gewaltsam zu verknüpfen. Es reicht vollkommen, wenn ihr es, so wie es ist, empfangt. In diesem Moment werden nicht etwa Sein und Nichtsein, Erscheinung und Leere eins – sie existieren von Anbeginn nicht.

Im *Vimalakīrtinirdesha-Sūtra* gibt es ein Gespräch zwischen Vimalakirti und den Bodhisattvas über den »Eintritt in die Lehre der Nicht-Zweiheit«. Nacheinander äußern sich alle Bodhisattvas dazu. Nachdem Manjushri als letzter gesprochen hat, fordert er Vimalakirti auf, über die Lehre von Nicht-Zwei zu sprechen. Vimalakirti sagt kein Wort und schweigt![11]

Die Zen-Patriarchen aller Generationen loben dieses Schweigen Vimalakirtis und sagen, es sei wie ein Donnerschlag. Vimalakirtis Schweigen steht nicht im Gegensatz zum Reden. Es ist nicht so, dass er damit nichts ausgedrückt hätte; mit diesem Schweigen wurden vielmehr alle von Menschen erzeugten Grenzen und Trennlinien in Stücke zerschlagen, und die Wahrheit, in der es überhaupt keine Begriffe wie Sein oder Nichtsein, Erscheinung oder Leere gibt, wurde in ihrer Soheit offenbart. Das ist sicherlich für all die, die in ihrer Vorstellung eine Welt mit vielen verschiedenen Grenzen und Trennungen erzeugt haben, ein Schweigen, das wie ein Donnerschlag die ganze Welt in Stücke zerschlägt.

Sein oder Nichtsein,
Erscheinung und Leere –
wo gäbe es denn die?

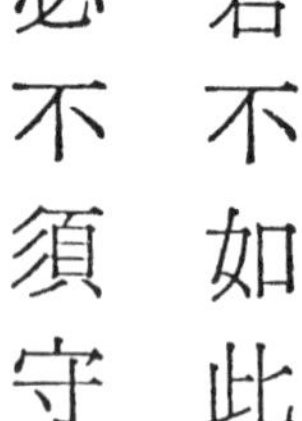

Wenn etwas nicht Soheit ist,
brauchst du es nicht zu bewahren.

Wenn ihr die Wahrheit nicht erkennt und stattdessen in Teile trennt oder in dualistischen Worten über alles nachdenkt und wenn ihr dann in dieser Begrenzungen unterliegenden Betrachtungsweise etwas als »das Höchste« erfasst – gerade das ist Verblendung.

Gibt es Buddha oder nicht? Existiert irgendwo ein Gott oder nicht? Menschen, die solche Diskussionen führen, reden über einen Buddha oder einen Gott, den sie nur in ihren Vorstellungen erzeugt haben. Das Gleiche passiert mit Übung und Erleuchtung. Es gibt viele, die schon bevor sie überhaupt zu üben angefangen haben, feste Begriffe und Vorstellungen darüber haben, was und wie Übung sein muss. Deshalb können sie, wenn sie in einen Zen-Tempel kommen, nur schwer oder gar nicht in das Leben dort eintauchen, und oft fällen sie, ohne selbst überhaupt mit der Übung in Berührung gekommen zu sein, Urteile wie: »In diesem Tempel wird nicht geübt!« Die Menschen, die nach Glück suchen, denken, dass sie jetzt unglücklich sind, aber dennoch ist ihr Kopf angefüllt mit Ideen über Glück, und sie suchen in der ganzen Welt nach etwas, was dieser Idee genau entspricht. Auch unter den großen Patriarchen und Meistern der Vergangenheit gab es viele, die diesen Fehler während ihrer Übungszeit gemacht haben.

Eines Tages kam der Mönch Genyo Sonsha zu Meister Jōshū und fragte: »Wenn man nichts hat, wie ist es dann?« Er hatte wahrscheinlich in vielen buddhistischen Werken und Büchern über Zen gelesen, dass Nicht-Geist wichtig sei, und sich geübt, um zu diesem Nicht-Geist zu werden. Als er meinte, diesen Geisteszustand erreicht zu haben, kam er zu Meister Jōshū mit seiner Frage. Aber Jōshū antwortete nur: »Lass davon ab!« Genyo war mit dieser Antwort nicht zufrieden und fragte weiter: »Wenn ich nichts habe, wovon soll ich dann lassen?« Jōshū erwiderte: »Wenn das so ist, dann trag es doch ewig mit dir herum.« Bei diesen Worten realisierte Genyo endlich, worin sein Fehler bestanden hatte, und er wurde erleuchtet.

> Wenn du etwas hast,
> von dem du glaubst,
> es sei die letztendliche Wahrheit,
> dann ist gerade dies etwas,
> das nicht wert ist, bewahrt zu werden.

一即一切
一切即一

Eins ist Alles,
Alles ist Eins.

但能如是
何慮不畢

Kannst du es
auf diese Weise vollbringen,
warum dich dann noch
um Unvollendetes sorgen.

Das *Kegon-Sūtra* (Skrt. *Avatamsaka-Sūtra),* auf dem die Hua-yen-Schule, eine bedeutende Schule des chinesischen Buddhismus, die ihre Anfänge bereits im 5. Jahrhundert nahm, basiert, spricht von der gegenseitigen Durchdringung aller Dinge, und dies wird mit Hilfe einer Einteilung der Welt in vier Bereiche veranschaulicht. Diese vier Bereiche sind: die Welt des Absoluten; die Welt der Erscheinungen; die Welt, in der sich Absolutes und die Erscheinungen gegenseitig durchdringen; die Welt, in der sich alle Erscheinungen gegenseitig durchdringen.

Dies sind wirklich Schlingpflanzen aus Worten. In der Zen-Übung werden deshalb diese vier Welten als Kōan aufgegriffen, damit so dieses fürchterliche Gewirr aus Worten durchschnitten wird. Die Welt des Absoluten und die Welt der Erscheinungen sind nicht verschieden, aber weil man sie getrennt beschreibt, muss man sie dann wiederum zu »der Welt, in der sich Absolutes und Erscheinungen gegenseitig durchdringen«, zusammenfügen. Weil man von einer »Welt der Erscheinungen« spricht, wird es notwendig, von einer »Welt, in der sich alle Erscheinungen gegenseitig durchdringen«, zu sprechen, um aufzuzeigen, dass in Wirklichkeit nichts voneinander getrennt ist, sondern dass alles sich gegenseitig beeinflusst und in Harmonie miteinander verbunden ist. Die Schwierigkeiten mit dem *Kegon-Sūtra* entstehen deshalb, weil die Wahrheit, die nicht in Absolutes und Erscheinung, und ausgehend davon wiederum in verschiedene, in einer Erscheinung enthaltene Kategorien aufgeteilt werden kann, dennoch aufgeteilt wird. Es ist aber unnötig, sich unter dem »Einen« die Welt der Wahrheit vorzustellen und unter »allem« die Welt der Erscheinungen. Ursprünglich gibt es keine Trennungen – aber wenn ihr das »Eine« als Wahrheit und »alles« als Erscheinungen definiert und bestimmt, dann stört ihr nur den natürlichen Geisteszustand.

Weil es ursprünglich nirgends etwas gibt, was als »Eins« oder »alles« bestimmt werden kann, empfangt es einfach nur, so wie es ist. Dies bezeichnet Shinran Shōnin (der Begründer der japanischen Jōdō-shin-Schule, 1173–1262) mit den Worten *»jinen honi«* – »natürliches Wirken der Wahrheit in ihrer Soheit«.

Von Anfang an existiert unser Selbst innerhalb des Ganzen – abhängig von der eigenen Existenz ist alles vollendet. Das Wesentliche ist deswegen nicht, durch Übung ein perfekter Mensch zu werden, besser zu werden als andere, sondern wichtig ist es, stets ein Mensch zu sein, der im Ganzen aufgeht.

Wir sind Existenzen, die ursprünglich mit allem verschmolzen sind. Der Grund, warum ihr euch dennoch unvollkommen fühlt, liegt darin, dass ihr versucht, euch selbst, abgetrennt von eurer Umgebung, zu vervollkommnen. Ein von der Umgebung getrenntes Selbst existiert nur innerhalb eurer Ideen. Wenn ihr euch anstrengt und versucht, dieses Selbst zu vervollkommnen, dann bestehen ganz selbstverständlich stets Unsicherheit und Sorge. Werdet deshalb friedlich und gelassen in der Verschmelzung mit dem Ganzen – nur darin gibt es Vollkommenheit. Erleuchtung ist das Zurückkehren zu dieser ursprünglichen, mit allem vereinten Gestalt. Wenn ihr solch einen Geisteszustand erreicht habt, warum solltet ihr euch dann noch um eure Unvollkommenheit sorgen?

> Eins ist, so wie es ist, alles;
> alles ist, so wie es ist, Eins.
>
> Wenn es auf diese Weise nichts gibt,
> an dem du haftest,
> dann brauchst du dich auch nicht
> um letztendliche Erleuchtung zu sorgen.

信心不二
不二信心

Vertrauen in den Geist
ist Nicht-Zwei,
Nicht-Zwei ist
Vertrauen in den Geist.

Ihr bemüht euch nicht, die Kraft des Großen Lebens, das euch leben lässt, zu erkennen. Ihr seht nur euren kleinen Körper und die Klumpen aus Erfahrungen und Wissen, die sich gebildet haben, nachdem euer Verstand anfing zu arbeiten. Deshalb vertraut ihr euch selbst nicht und seid nicht fähig, euch aufzugeben und euch zu überlassen. Der Geist, von dem Sōsan in diesem Vers spricht, ist nicht euer kleiner Verstand, sondern das Leben, das – euch selbst inbegriffen – das ganze Universum bewegt. Deshalb wiederhole ich immer wieder: Vollkommenheit gibt es nur in der Harmonie mit allem anderen!

Vertrauen in den Geist ist
Nicht-Zwei

Eines Tages kam ein Mönch zu Meister Jōshū und fragte ihn: »Was ist das Härteste, Vollkommenste in dieser Welt?« Jōshū erwiderte: »Wenn du mich schmähen willst, schmähe mich, so viel du möchtest. Wenn dein eigener Mund nicht ausreicht dazu, dann nimm noch einen Vogelschnabel hinzu. Wenn du mich anspucken willst, dann spucke, solange du kannst. Wenn deine eigene Spucke nicht ausreicht, dann nimm noch einen Eimer Schmutzwasser hinzu.«

Vielleicht habt ihr auf den ersten Blick den Eindruck, dass die Frage des Mönchs und die Antwort von Meister Jōshū nicht so recht zusammenpassen. Aber Jōshū zeigt in seinen Worten klar, dass ein Mensch, gleich, was er auch tut, was ihm auch geschieht, von nichts beschmutzt oder verletzt werden kann. Gerade dies ist das »Vollkommene und Unzerbrechliche». Gleichzeitig liegen in seiner Antwort die Ruhe und der Friede von jemandem, der diese Wahrheit erkannt hat, und wir können darin auch seine Barmherzigkeit sowie den Wunsch spüren, dass der Fragende zur gleichen Ruhe gelangen möge wie er selbst.

Jōshū ist kein Klumpen aus Fleisch, sondern das, was sich in Harmonie mit allem anderen von Moment zu Moment dynamisch wandelt, das Große Leben an sich. Dieser erleuchtete Geisteszustand kann nicht mit Worten erklärt werden – es ist ein freier, ungebundener Geisteszustand, der weder räumlich noch zeitlich zu erfassen ist.

Ihr versucht immer, alles im Bezugsrahmen von Raum und Zeit zu ergreifen – solange ihr dies nicht überschreitet, könnt ihr die Welt der Wahrheit, so wie sie ist, nicht sehen. Dies ist im *Shinjinmei* durch Worte, die sich selbst innerhalb von Raum und Zeit befinden, ausgedrückt. Aber wenn ihr nur ausgehend von den Worten nach Verstehen sucht, bleibt ihr in die Welt der Worte verstrickt, bleibt ihr innerhalb der Grenzen von Raum und Zeit.

In der Welt von Nicht-Zwei gibt es weder gestern noch heute oder morgen. Die Vergangenheit ist nicht, denn sie ist schon vorbei und existiert nicht mehr; die Zukunft ist nicht, denn sie ist noch nicht erschienen; und auch die Gegenwart ist nicht – denn genauso wie lang und kurz, das Eine und die Vielen – kurzum alle Gegensätze – nur abhängig voneinander existieren können, so sind auch die Begriffe Vergangenheit, Gegenwart und Zukunft voneinander abhängig. Ohne das eine kann es das andere nicht geben.

Ohne die Begriffe Vergangenheit und Zukunft verliert auch der Begriff der Gegenwart als Bindeglied zwischen den beiden seine Bedeutung. Keine Vergangenheit, Zukunft und Gegenwart – und das, was erscheint, ist eine Welt, welche die Begriffe von Zeit und Raum überschritten hat.

Deshalb sagt Sōsan:

言語道断
非去来今

Der Weg der Worte ist zu Ende –
keine Vergangenheit,
Zukunft und Gegenwart.

Und mir bleibt nur zu sagen:

Von hier ab, sieh selbst –
das Wahre,
ohne Vergangenheit,
Zukunft und Gegenwart.

Anmerkungen

1 Das *Mumonkan* (chin. *Wu-men-kmn,* wörtlich »Torlose Schranke«) ist eine der beiden wichtigsten Kōan-Sammlungen der Zen-Literatur. Es wurde von dem chinesischen Meister Mumon Ekai (chin. Wu-men Hui-k'ai) zusammengestellt, umfasst 48 Kōan und wurde im Jahr 1229 veröffentlicht.

2 Das *Hekigan-roku* (chin. *Pi-yen-lu,* wörtlich »Niederschrift von der blaugrünen Felswand«) ist die neben dem *Mumonkan* wichtigste Kōan-Sammlung und auch die älteste. Sie wurde in der ersten Hälfte des 12. Jhs. von dem chinesischen Zen-Meister Engo Kokugon (chin. Yüan-wu K'o-ch'in) verfasst und umfasst 100 Kōan.

3 Siehe Kōan 19 im *Mumonkan.*

4 Siehe Kōan 2 im *Hekigan-roku.*

5 Siehe *Rinzai-roku* (chin. *Lin-chi-lu,* wörtlich »Aufzeichnung der Worte von Meister Rinzai«), Englische Übersetzung von Ruth F. Sasaki unter dem Titel *The Record of Lin-Chi,* Institute for Zen Studies, Kyoto 1975, *The Record of Rinzai,* übersetzt von Irmgard Schloegl, London *1975, Linji, Das Denken ist ein wilder Affe, Die Lehren des großen Zen-Meisters,* Aus dem Chinesischen übersetzt von Ursula Jarand, O.W. Barth Verlag 1996; Thich Nhat Hanh, *Es gibt nichts zu tun, Die Zen-Unterweisungen des Meisters Linji,* übersetzt von Ursula Richard, edition steinrich, 2013.

6 Siehe Kōan 45 im *Hekigan-roku.*

7 Rainer Maria Rilke: Über den jungen Dichter, Frankfurt / M. (Insel Tb 340) 1966, S. 70.

8 *Dentō-roku,* Rolle 14, Kapitel über Yakusan Igen.

9 Teilweise zitiert nach Zenkei Shibayama: *Zu den Quellen des Zen,* Bern u. a. (O. W. Barth) 1976.

10 Zitiert nach *Augenblicke der Stille,* Worte und Gedanken großer Zen-Meister, München (Heyne) 1986.

11 *Vimalakīrtinirdesha-Sūtra,* Kapitel 9, »Über den Eintritt in die Lehre der Nicht-Zweiheit«.

Soko Morinaga Rōshi wurde 1925 in Uotsu in der Präfektur Toyama geboren. 1948 wurde er in Kyoto von Goto Zuigan Rōshi als Mönch ordiniert. Von 1949 bis 1965 lebte er im Daitoku-ji Kloster in Kyoto. Er war ein Dharma-Nachfolger von Oda Sesso Rōshi, ebenfalls ein Schüler von Goto Zuigan, der diesem als Abt von Daitoku-ji folgte. Nach dem Tod von Zuigan Rōshi übernahm Soko Morinaga Rōshi 1965 den Daishu-in Tempel in Kyoto. Von April 1986 bis März 1994 war er zudem Präsident der buddhistischen Universität Hanazono. Im Daishu-in Tempel lebte Soko Morinaga Rōshi bis zu seinem Tod am 12. Juni 1995. Er hatte eine Reihe westlicher Schülerinnen und Schüler, unter anderem Shaku Daijo und Ursula Jarand. Zu seinen Publikationen gehören *Pointers to Insight: Life of a Zen Monk* (1985), *Novice to Master: An Ongoing Lesson in the Extent of My Own Stupidity* (2002) sowie die von Ursula Jarand ins Deutsche übersetzten Bücher *Das Sutra des Sechsten Patriarchen, Das Denken ist ein wilder Affe, Dialog* über *das Auslöschen der Anschauung* und *Die Meißelschrift vom Vertrauen in den Geist.*

Ursula Jarand wurde 1952 in Deggingen in Baden Würtemberg geboren. Nach einer Ausbildung zur grafischen Zeichnerin und einem anschließenden Studium der Visuellen Kommunikation reiste sie 1980 nach Japan, begegnete dort Soko Morinaga Rōshi und begann unter

seiner Leitung mit der Zenpraxis. 1994 zog sie mit Shaku Daijo, einem US-amerikanischen Zenmönch und Schüler von Morinaga Rōshi nach Garberville in Kalifornien, und baute dort den Daishu-in West Tempel auf, in dem sie seither lebt und lehrt. Sie hat einige klassische Zentexte mit Kommentaren von Soko Morinaga Rōshi aus dem Japanischen übersetzt und herausgegeben.